수업컨설팅 사례로 본 수업이야기

| 이상수 저 |

학지사

서언

막 대학교수가 되어 학교 현장에 강의를 나간 적이 있다. 미국에서 공부를 하고 막 돌아와 이론적으로는 많은 것을 알고 있다고 자부를 하고 현장에 가서 심오한 이야기를 들려주고 싶었다. 하지만 강의를 하고 질문과 토의를 하는 과정에서 가장 먼저 들은 이야기는 "학교 현장은 다르다."였다. 이론적으로는 맞는 말이지만 학교 현장은 너무나 많은 현실적인 이유들로 이론을 그대로 적용하기는 힘들다는 반응이었다. 진도는 나가야 하는데 여러 행정 업무로 수업을 준비할 시간은 부족하고, 아이들은 어떤 전략을 써도 관심이 없는 아이들이 있다는 것이다. 수업컨설팅을 시작한 이유 중 하나가 이론만을 연구하는 교수가 아닌 학교 현장을 이해하고 실질적인 도움을 주고 싶어서였고, 수업컨설팅을 하는 과정에서 수업은 살아 있고 너무 역동적인 모습을 가지고 있어서 이러한 맥락을 무시하고 좋은 수업 전략을 이론적으로 실천하는 것은 항상 실패할 수밖에 없다는 것을 깨달았다. 아무리 좋은 수업 전략이라고 해도 그 지역, 학교, 선생님, 교실에 맞게 수정되어야 하고, 한 번의 수정으로 끝나는 것이 아니라 지속적인 변화의 노력을 해야 효과가 있다는 것을 깨달았다.

수업컨설팅을 통해 너무나 다양한 수업의 모습들을 볼 수 있었다. 예를 들어, 선생님과 아이들이 모두 행복해하는 수업도 있었고, 선생님도 그리고 아이들도 힘들어하는 수업도 있었다. 모든 아이들이 참여하는 수업도 있었고, 수업을 따라가는 소수의 아이들하고만 수업이 이루어지고 나머지는 배움에서 소외된 수업도 있었다. 선생님은 열심히 가르치지만 아이들은 열심히 학습을 하지 않는 수업도 있었고, 선생님은 발문만 하고 아이들이 열심히 생각하고 배움이 있는 수업도 있었다. 여러 가지 활동은 많았지만 정작 선생님이 의도한 배움이 없는 수업도 있었고, 선생님이 설명식 수업을 해도 아이들은 몰입을 하고 깨달음이 있는 수업도 있었다. 따뜻한 수업이 있었고, 차가운 수업도 있었다. 학교 현장에서 수업은 다양한 모습들을 보여 주고 있었다.

선생님들도 다양한 모습을 볼 수 있었다. 지금도 수업을 정말 훌륭하게 잘하고 있지만 욕심이 끝이 없어서 수업컨설팅을 요청한 선생님도 있었고, 어쩔 수 없이 학교 행정가의 지시로 수업컨설팅을 하는 선생님도 있었다. 동일한 실수를 반복적으로 하는 선생님도 있었고, 자기성찰을 통해 지속적으로 수업을 개선해 온 선생님도 있었다. 수업이 습관이 되어 버린 선생님도 있었고, 항상 새로운 시각으로 수업을 보려고 노력하는 선생님도 있었다.

이 책은 12년의 세월을 통해 수많은 수업을 분석하고 컨설팅한 경험과 사례를 기반으로 다양한 수업 사례와 현상들에 대한 개인적 성찰을 공유함으로써 수업 개선을 위해 노력하는 선생님들에게 또 다른 성찰의 자료를 제공할 수 있기를 바라는 마음으로 집필하였다. 수업컨설팅 과정에서 선생님들이 했던 중요한 질문들을 중심으로 그 질문에 대한 답을 하되, 이론적 이야기보다는 실제 수업컨설팅 사례들을 중심으로 답을 찾는 과정을 기술해 보았다.

이 책은 크게 수업에 대한 이야기, 아이들에 대한 이야기, 그리고 선생님에 대한 이야기의 3개의 부로 구성되어 있다. 우선, 수업에 대한 이야기에서는 수업이 추구해야 할 수업의 본질에 대한 이야기부터 시작하여 수업에 대한 생태학적 시각의 필요성, 수업의 온도, 최고의 수업 방법에 대한 고민, 수업이 가지고 있는 나비효과, 활동 중심 수업과 과정 중심 평가 등에 대한 현장의 오해, 그리고 4차 산업혁명 시대에 수업은 어떤 변화가 필요한지 등의 이야기를 나누고 있다. 이어지는 2부에서는 학습자 중심 수업의 방향과 아이들의 학습 속도와 선생님의 수업 속도 차이로 인한 수업 문제, 아이들의 인성교육 방법, 아이들과 친한 관계를 만드는 방법, 아이들에게 가르치는 가치와 학교가 추구하는 실제 가치의 이율배반적 차이로 인한 아이들의 희생 등에 대한 이야기를 담고 있다. 2부 내용들은 수업컨설팅 과정에서 실제 아이들과의 면담하는 과정에서 들은 아이들의 목소리도 담고 있다. 마지막으로, 3부에서는 어떤 선생님이 좋은 선생님인지, 선생님들의 수업 철학, 자신만의 수업 전략을 개발하시는 선생님, 몸으로 수업을 하는 선생님, 선생님의 수업 화법, 그리고 관성처럼 고착화된 선생님들의 수업 습관을 바꾸는 전략들에 대해 나누고 있다.

이 책은 무거운 이론을 다루기보다 쉽고 빠르게 읽으면서 수업에 대해, 아이들에 대해 그리고 선생님 자신에 대해 성찰을 해 볼 수 있는 책으로 수업 개선에 대한 열정을 가진 선생님들이나 수업컨설턴트들에게 도움이 될 수 있기를 바란다.

저자 이상수

차례

2부 그래서 아이들은?

3부 그래서 선생님은?

1부

그래서 수업이란?

수업의 본질

가끔 공개수업을 대상으로 한 수업컨설팅을 요청받는 경우가 있다. 공개수업의 경우, 평소 수업과는 다른 미리 준비된 수업이 이루어지는 경우가 많아 원래는 수업컨설팅을 위한 수업 분석의 대상으로 삼지 않는데, 종종 선생님들의 시간 절약을 위해 공개수업을 계기로 수업컨설팅을 실시하기도 한다. 하루는 공개수업이 끝나고 수업 후 협의회에 참여하여 수업컨설팅을 한 적이 있었다. 그날 선생님들은 '수업에서 무엇을 본질적으로 추구해야 하는가?'에 대한 주제에 꽂혀서 오랜 시간 논쟁을 하게 되었다. 선생님들은 '아이들이 참여하는 수업' '아이들과 선생님이 행복한 수업' '이해가 가는 수업' '아이들에게 도움이 되는 수업' '재미있는 수업' '선생님과 아이들이 소통하는 수업' '선생님과 아이들 간 관계가 좋은 수업' 등 자신들이 평소에 생각했던 다양한 주제들에 대해 이야기들을 나누었다. 한참을 이야기하다가 갑자기 전문가의 이야기를 들어 보자고 내게 다음과 같은 질문을 하셨다.

"수업이 추구해야 할 본질은 무엇인가요?"

본질이란 곧 존재의 목적을 의미하게 된다. 수업의 존재 목적이나 이유는 무엇일까? 솔직히 수업이 추구해야 할 본질에 대한 단 하나의 정답을 이야기하기는 쉽지 않다. 선생님들이 어떤 교육철학을 가지고 있는가에 따라 다양한 답이 나올 수 있고, 위에서 이야기한 모든 주제들이 정답이 될 수 있다. 하지만 그럼에도 불구하고 수업에 대한 많은 전문가들이 함께 공감하는 수업이 추구해야 할 본질이 있다면, 그 답은 가네와 그 동료들(Gagné et al., 2005)[1]이 말하는 수업에 대한 정의에서 찾아 볼 수 있다. 이들은 수업을 다음과 같이 정의하고 있다.

"학습이 촉진되도록 학습자에게 영향을 미치는 모든 일련의 의도된 사건."

이 정의의 핵심은 수업이 무엇을 목적으로 해야 하는지를 말해주고 있다. 수업은 학습을 목적으로 하고 있고 가르침의 목적은 배움을 위한 것이다. 수업은 배움을 목적으로 하고 있다는 것을 이미 많은 선생님들이 알고 있지만 여러 가지 이유로 실천이 안 되는 경우가 많다. 어떤 선생님들은 수업은 아이들만을 위한 수

1) Gagné, R. M., Wager, W. W., Golas, K. G., & Keller, J. M. (2005). *Principles of instructional design*. Toronto, ON: Thomson Wadsworth.

업이 되어서는 안 되고 교사도 행복한 수업이 되어야 한다고 주장하시는 분들도 계신다. 이 말도 충분히 맞는 말이다. 하지만 수업에서 아이들이 역동적으로 수업에 참여하고 즐거워하면 선생님도 수업에서 즐거움을 느끼게 된다. 반대로, 아이들이 힘들어하고 참여하지 않는 수업에서 교사만 행복한 수업을 할 수 있는가? 선생님과의 면담 결과에 따르면, 아이들의 배움과 성장을 통해 선생님도 행복을 느낀다고 한다. 수업에서 어느 한 주체만 행복하고 다른 주체는 불행한 수업을 찾아보기 힘들다. 중요한 것은 아이들과 선생님 모두 행복한 수업을 위해서는 수업의 본질인 배움이 우선 되어야 한다는 것이다. 하지만 현장수업을 관찰하다 보면 생각보다 목적과 수단이 바뀌어 있는 수업, 즉 배움보다는 가르침에 초점이 있는 수업이 많고, 수업 주체들의 행복을 위해서라도 이런 수업은 본질을 추구하는 수업으로 변화해야 한다. 다음의 두 가지 수업 사례를 비교해 보자.

첫 번째 사례는 내가 고등학교 때 지구과학 선생님이셨던 분의 수업 사례이다. 그분은 아이들이 생각하는 수업을 원하셨고, 따라서 항상 '왜?'라는 질문으로 세상을 보도록 요구하셨다. 그분은 발문[2]으로 수업을 시작하였고 발문으로 수업을 끝내셨다. 예를 들어, '광년'이라는 개념을 아이들에게 가르치면서 "얘들아

2) 일반적으로 '발문'은 몰라서 물어보는 것이 아니라 선생님이 아이들에게 이해도를 진단하기 위해 사용하는 것이고, '질문'은 아이들이 선생님에게 몰라서 물어볼 경우 사용한 것으로 용어가 구분되어 사용된다.

혹시 너희들은 우주의 끝에서 우주의 끝까지 몇 광년인지 생각해 본 적이 있니?"라고 발문을 하면서 수업을 시작하셨다. 그런데 아이들도 왜라는 질문으로 사물을 보도록 훈련받아서 한 아이가 "선생님, 우주에 끝이라는 것이 있나요?" 하고 질문을 하였고, "끝이 있다면 그다음은 무엇으로 채워져 있나요?"라고 질문을 하였다. 수업은 이렇게 시작되었다. 이 수업은 막 수업이 시작된 것 같았는데 수업 종료 종이 치는 수업이었다. 그만큼 몰입이 되어 시간 가는 줄 모르는 수업이었다. 중요한 것은 내가 고등학교를 졸업 한 지 수십 년이 지났음에도 불구하고 내 전공과 관련 없는 이 분야에 대해 아직도 학습을 하고 있다는 것이다. 최근에는 힉스(Higgs) 입자에 대해 공부하고 있다. 태초의 우주에 가장 먼저 존재했던 물질로 알려진 힉스는 우주의 탄생을 설명하기 위한 핵심적 개념이다. 태초에 우주는 어떻게 만들어졌는지? 태초에 물질이라는 것은 어떻게 해서 생성되었는지? 아님 누군가에 의해 만들어졌는지? 누군가가 만들었다면 그 누군가는 무엇인지? 등 너무나 많은 호기심으로 힉스의 개념을 공부하고 있다.

두 번째 사례로 모 고등학교의 물리 수업을 살펴보자. 이 선생님은 칠판을 두세 번 지워 가며 정말 열심히 아이들에게 문제를 풀어 주셨다. 하지만 아이들은 절반 가까이가 졸거나 딴짓을 하며 집중하지 못하고 있었다. 선생님은 열심히 가르치셨지만 정작 많은 아이들에게 배움은 일어나지 않았다. 수업 관찰 과정에서 수업이 끝나면 수업에 참여한 아이들과 가능한 면담을 항상 실시한다. 수업에 대한 가장 좋은 정보는 아이들에게서 나오고 수업 문제에 대한 해답도 아이들에게서 나오기 때문이다. 이 수업이 끝난 후에도 몇몇 아이들을 선별하여 아이들의 이야기를 들어 보았다. 아이들은 "선생님의 설명 속도가 너무 빨라요." "어려워요." "재미가 없어요." "이해가 안 가요." 등 수업에 열심히 참여하지 않은 이유들을 이야기를 해 주었다. 열심히 가르치지만 배움이 없다면 열심히 가르치는 행위는 어떤 의미가 있을까?

앞의 두 사례는 극단적으로 열심히 가르치지만 배움이 없는 수업과, 직접적인 가르침은 없지만 배움이 있는 수업을 보여 주고 있다. 수업을 관찰하다 보면 다음과 같은 여러 모습의 수업들을 관찰할 수 있다.

- 아이들이 중심이 되어 다양한 활동은 하지만 배움이 없는 수업이 있는가 하면, 선생님이 설명식 수업을 해도 아이들의 깨달음이 있는 수업
- 아이들의 학습 속도에 맞지 않는 수업의 속도로 선생님만 멀리 앞서가는 수업이 있는가 하면, 아이들과 선생님이 함께 호흡하며 동행하는 수업
- 아이들에게 수학적 사고를 가르치기 위해 열심히 문제를 풀어 주면서 정작 선생님만 수학적 사고를 하고 아이들에게 수학적 사고의 기회를 박탈하는 수업이 있는가 하면, 선생님은 발문만 하고 아이들이 끊임없이 생각하는 수업

- 따라오는 몇몇 아이들하고만 수업이 이루어지고 배움에서 소외된 아이들이 있는가 하면, 개개 아이들의 이해도를 점검하며 모두 함께하는 수업
- 배움보다 수업의 질서와 통제를 강조하는 수업이 있는가 하면, 와글와글 시장판 같지만 모든 아이들이 즐겁게 배움이 일어나는 수업
- 차가운 수업이 있는가 하면, 따뜻한 수업
- 정답만을 요구하는 수업이 있는가 하면, 엉뚱한 답을 칭찬하는 수업
- 집어넣기만 하는 수업이 있는가 하면, 아이들의 생각을 빼내는 수업
- 듣기만 하는 수업과 겪어 보는 수업
- 아이들에게 물어보고 답을 못 하면 먼저 설명부터 하려는 수업이 있는가 하면, 아이들을 믿고 기다려 주고 비계활동을 통해 아이들의 생각의 물꼬를 트이게 하는 수업

이들 수업 중에는 수업이 추구해야 할 본질이 배움이라는 것을 정확히 인지하고 실천한다면 해결될 수 있는 오류들이 많이 있다. 한 가지 예를 들어 보자. 여러분은 수업을 준비하는 과정에서 성취기준과 수업 목표가 주어지면 가장 먼저 무엇을 하게 되는가? 어떤 분들은 어떤 수업 전략과 활동을 통해 수업을 진행할 것인지를 먼저 생각하시는 분들이 있을 수 있고, 어떤 분들은 주

어진 수업 목표를 달성하기 위해 아이들이 어떤 사고와 사고의 흐름을 필요로 하는지를 생각하고 이런 아이들의 사고를 촉진하기 위해 어떤 수업 활동을 필요로 하는지를 생각할 수 있다. 이들 두 가지 접근 방법에 따라 수업은 확연히 차이를 보인다. 앞의 전략을 따를 경우 정작 아이들에게 필요한 사고의 경험을 제공하지 못하는 경우가 많고, 따라서 활동은 있지만 배움이 없거나 아이들에게 필요한 사고에서 점프가 일어나 이해를 어렵게 하는 경우도 있다. 후자의 경우는 아이들에게 필요한 사고를 필요한 순서와 흐름에 따라 경험하게 함으로써 선생님이 의도한 배움이 일어날 수 있다. 이처럼 자신의 수업이 가르침 중심 수업인지 배움 중심 수업인지를 진단해 볼 필요가 있으며 다음의 〈표 1-1〉을 이용하여 점검해 본다면 많은 도움이 될 것이다.

〈표 1-1〉 배움 중심 수업 진단

가르침 중심 수업	척도	배움 중심 수업
전체 수업의 방향에서 선생님의 교육관과 교육철학만 강조	1 2 3 4 5 6 7	전체 수업의 방향에서 교사의 교육철학과 함께 아이들, 학부모, 사회적 요구 간 조화 추구
교사의 재해석 없이 주어진 교사 지침서에만 기초하여 수업 목표 도출	1 2 3 4 5 6 7	아이들이 자신들의 삶에서 무엇을 필요로 하는지의 요구에 기초한 수업 목표 도출
수업 목표 달성을 위한 수업 전략과 활동을 먼저 분석	1 2 3 4 5 6 7	수업 목표 달성을 위해 아이들이 반드시 경험해야 할 인지 과정(사고와 사고 과정)을 먼저 분석

산탄총 접근(전체 아이들 중 일부 아이들에게 초점을 둔 수업 난이도 조절)	1 2 3 **4** 5 6 7	개인화 접근(개개 아이들의 이해도에 따라 차별화된 학습지, 수업 속도, 수업 전략을 이용한 수준별 접근)
수업 모형에 구속된 접근	1 2 3 **4** 5 6 7	다양한 수업 모형의 통합적 접근
정해진 시간에 모든 수업 내용을 다루는 데 초점	1 2 3 **4** 5 6 7	시간에 제한받기보다는 개개 아이들의 이해 정도에 초점
결과 중심 평가	1 2 3 **4** 5 6 7	과정 중심 평가
수업 진도에 따른 순차적 수업 진행	1 2 3 **4** 5 6 7	아이들의 이해도에 따라 적응적이고 순환적 수업 진행
정오 피드백(정답 제시) 또는 정보 피드백(왜 맞거나 틀렸는지 정보 제공)	1 2 3 **4** 5 6 7	교정적 피드백(정보 피드백과 함께 틀린 부분을 수정하기 위한 방법에 대한 정보까지 제공)

앞의 진단표는 가르침 중심의 수업과 배움 중심의 수업을 양극으로 두고 각 준거들에 따라 자신의 수업을 판단을 해 보도록 하고 있다. 중간의 점수 4점이 중립을 의미하며, 가르침 중심 쪽으로는 3에서 1점까지, 그리고 배움 중심의 수업 쪽으로는 5점에서 7점을 주도록 되어 있다. 따라서 먼저 자신이 어떤 쪽에 속하는지, 그리고 그 정도에 따라 점수를 선택하면 된다. 평균점수가 4점 이상이면 배움 중심의 수업에 가깝다고 이야기할 수 있다. 하지만 중요한 것은, 각각의 준거들이 모두 중요하며 어떤 형태의 수업을 해야 배움 중심이 되는지를 말해 주고 있다. 따라서 이들 각각의 준거들이 수업에서 어떻게 적용되고 있고 배움 중심 수업을 위해 어떤 개선점이 필요한지를 찾기 위해 이들 준거들을

사용할 수 있다.

수업이 추구해야 할 본질적 특성인 배움 중심 수업을 위해서는 수업 관찰이나 수업 후 협의회의 모습도 달라진다. 수업을 관찰할 때에도 선생님이 어떤 수업 전략을 어떻게 쓰고 있는지를 분석하는 것은 중요하지 않고, 수업에서 선생님이 의도한 수업 목표를 달성하기 위해 아이들이 어떤 사고를 어떤 흐름으로 하고 있는지를 분석해야 하며, 보다 나은 배움을 위해 수업 자극을 어떻게 개선할 것인지를 분석해야 한다. 수업 후 협의회에서도 선생님의 수업 전략이나 능력을 비판하기보다 아이들의 머릿속에서 어떤 일들이 벌어지고 있는지 분석해 보고, 아이들의 배움 개선을 위해 선생님 자신들이 가지고 있던 경험을 함께 공유하고 논의하는 시간이 되어야 한다. 즉, '그 아이는 내 수업에서도 비슷한 모습을 보이는데 이렇게 접근했더니 이런 변화가 있었다.' 혹은 '내 수업에서도 유사한 아이가 있었는데 어떤 전략들은 효과적이지 않았지만 어떤 전략들은 효과가 있었다.' 등의 아이들의 배움을 위해 함께 고민하는 논의의 장이 되는 문화로 바뀌어야 한다. 이런 변화가 있다면 수업 후 협의회에서 서로 비판으로 끝나거나 아니면 좋은 사이를 유지하기 위해 칭찬만 하다 아무 의미 없는 협의회로 끝나는 일을 방지할 수 있고, 수업 공개에 대한 두려움도 줄일 수 있다.

수업은 배움을 목적으로 하고 있고, 수업에서 진정한 배움이 일어날 때 아이들도 그리고 선생님도 행복한 수업이 될 것이다.

수업하기의 본질

수업컨설팅 과정에서 나는 종종 선생님들에게 질문하기도 한다. 내가 선생님들에게 가장 많이 했던 질문 중 하나는 "어떻게 하는 것이 '좋은 수업하기'인가?"이다. 그래서 수업컨설팅을 할 때마다 선생님들에게 물어봤고, 많은 선생님이 수업 내내 학급 내 모든 아이가 딴 생각하지 않고 집중하여 듣게 하는 수업 방법이 좋은 수업 방법이라고 답을 하셨다. 물론 어떤 선생님은 특정한 수업 모형을 말씀하시기도 하셨지만, 그런 수업 모형을 사용하는 이유가 무엇인지 물어보면 대부분 아이들이 집중하여 참여하는 수업을 만들기 위한 것이라는 답을 주셨다. 이 질문은 수업컨설팅 과정에서 많은 선생님들이 제시한 수업컨설팅 과제이기도 하였다. 선생님들이 아무리 열심히 설명을 해도 집중하지 않는 아이들이 있고, 재미있는 동영상을 보여 주면 잠시 집중하는가 싶다가 다시 설명을 시작하면 졸거나 딴짓하는 아이들이 발견되어서 수업 내내 그런 아이들이 신경 쓰이고, 수업이 끝나면 속상한 마음이 든다고 하셨다. 어떤 선생님은 수업 내내 아이들을 집중하게 하는 것은 불가능하다고까지 말하는 분도 있다.

어떻게 하면 아이들을 수업 내내 집중하게 할 수 있는가에 대한 답은 쉽지가 않다. 하지만 선생님들의 다양한 수업 유형에 대해 성찰해 보면 그 해답을 위한 힌트를 얻을 수 있을 것이다. 수업컨설팅을 하다 보면 여러 유형의 수업을 관찰할 수 있다. 어떤 선생님은 과중한 업무에도 불구하고 자기 자신만의 수업 철학을 가지고 남들과는 다른 수업을 하고 계시는 분도 있고, 어떤 선생님은 독백에 가까운 수업을 하시는 분도 있다. 어떤 수업은 많은 아이들이 즐겁게 수업에 참여하고 아이들과 선생님이 역동적으로 소통하면서 배움이 일어나는 수업이 있는가 하면, 어떤 수업은 아이들은 따라오든 말든 상관없이 준비한 진도를 빼는 데 목적이 있는 수업도 있다.

먼저 아이들이 즐겁게, 그리고 역동적으로 수업에 참여하는 사례를 살펴보자. 모 지역 고등학교 화학 선생님의 수업 사례이다. 선생님은 수업에서 아이들이 A4 용지를 코팅하여 화이트보드처럼 사용하도록 하고 있었다. 수업 중 선생님은 끊임없이 아이들에게 발문을 하고, 아이들은 그 발문에 대한 답을 끊임없이 쓰고 반응하는 수업을 하고 있었다. 아이들은 사지선다형, ○×형, 단답형 답을 쓰거나 화학 공식, 그림, 심지어 간단한 웹 툰을 그리기도 하였다. 그리고 선생님은 전체 아이들을 돌아보시고 "쉬운 문제라고 생각했는데 생각보다 오답이 많구나." "와, 이번에는 대부분이 답을 맞혔네! 우리 박수 한번 칠까?" 등 아이들 개개인이 수업 내용을 이해하고 있는지, 이해하지 못했다면 어떤 부분을, 왜 이해하지 못했는지를 찾아 아이들의 이해 수준에 맞는 보충 설명을 하는 적응적 수업을 하고 있었다.

또 다른 사례로 초등학교 젊은 남자 선생님의 수업을 들 수 있다. 수업을 관찰하고 있는데 아이들이 손으로 물음표를 만들어 가슴쯤 높이에 표시하거나, 손을 펴고 흔들면서 파도 모양을 만들어 표시하거나, 엄지를 들어 최고라는 표시를 하는 등 다양한 유형의 수화를 보여 주고 있었다. 나중에 안 이야기이지만 물음표는 지금 선생님의 말이 이해가 안 되면 누구든 표시를 하고, 그런 아이들의 수가 많으면 선생님은 잠시 가르침을 멈추고 어떤 부분이 이해가 안 가는지 몇 가지 발문을 사용하여 알아본 후 보충 설명을 통해 이해시키고 다음 내용으로 넘어가는 수업을 하고 있었다. 파도 모양은 선생님이 흥분하면 목소리 톤이 높아지고 빨라지는 습관이 있어 아이들이 천천히 하시라는 표시로 사용하고 있으며, 선생님이 이것을 보면 "미안, 선생님이 또 빨라지고 있지."라고 하시고 좀 더 천천히 수업을 진행하신다고 한다. 이런 유형의 수업에서는 대부분의 아이들이 즐겁게 수업에 참여하고 있었다.

수업컨설팅 경험으로 이런 다양한 수업 사례들을 분류해 보니

다음 〈표 1-2〉와 같이 독백, 대화, 담화의 세 가지 유형으로 '수업하기'를 분류할 수 있었다.

〈표 1-2〉 수업하기의 세 가지 유형

구분	독백	대화	담화
수업 내용	교재 내용	선생님 수준에서 교재 재해석	학습자 수준에서 교재 재해석
내용 난이도	선생님 수준에서 결정	선생님 수준에서 결정	학습자 수준에서 결정
소통	일방향 소통	일부 아이들을 대상으로 한 단순 발문과 답 수준의 양방향 소통	학습자 개개인과의 일대일 소통
수업 속도	선생님의 속도에 맞추어 진행	선생님의 속도에 맞추어 진행	학습자의 이해 속도에 맞추어 진행
수업 양	교재의 모든 내용	핵심 내용과 도움이 되는 내용 구분 없음	핵심 내용을 중심으로 하되 시간에 따라 도움이 되는 내용 전달
수업 진단	없음	부분적 학습자 진단	전체 학급의 이해도 진단
수업의 적응성	없음	없음	전체 학급의 이해도 진단에 따른 보충 심화 설명 제공

출처: 이상수 등(2018). 자기수업컨설팅: 성찰적 실천가가 되기 위한 전략. 서울: 학지사.

독백 유형이란 아이들과 별 상호작용 없이 아이들이 이해하든 말든 상관없이 선생님이 자신이 준비한 진도를 쏟아붓듯이 전달하고 수업을 끝내는 유형을 의미한다. 주로 고등학교에서 많이 관찰되는 수업 유형이다. 고등학교의 경우, 진도에 쫓겨서 많은 수업 내용을 아이들에게 쏟아붓는 형태의 수업이 많이 관찰된다. 한 예로 한 고등학교 수학 수업 사례를 살펴보자. 이 선생님은 아이들에게 수학 문제를 정말 열심히 풀어 주었다. 하지만 학급의 반 이상의 아이들이 수업을 따라가지 못하고 딴짓을 하거나 멍하고 있었다. 즉, 가르침은 있었지만 배움이 없는 수업이라고 할 수 있다. 독백하는 수업의 가장 큰 특징은 아이들과의 상호작용 없이 일방향(one-way) 소통이 주를 이룬다는 것이고, 또한 교재의 내용을 대부분 수정 없이 그대로 가르치고, 수업의 속도 역시 아이들의 학습 속도와는 관계없이 선생님에 의해 결정되고, 그러다 보니 수업의 양도 당연히 많아지는 수업이다. 독백 유형의 수업에서는 아이들이 어떤 부분은 이해하고 어떤 부분은 왜 이해하지 못했는지 진단하고, 진단 결과에 따라 수업의 변화가 있는 적응적 수업은 당연히 이루어지지 않게 된다. 한마디로 가르침 중심의 수업이라고 할 수 있다.

대화 유형이란 선생님이 아이들과 상호작용을 보여 주지만 수업을 따라오는 몇몇 아이들하고만 소통이 이루어지는 수업을 의미한다. 대화 유형에서는 선생님이 전체 아이들을 대상으로 발문을 하고, 아이들이 답을 하면 그에 따라 수업이 진행된다. 하지만 이들 몇몇 아이들이 정답을 맞혔다고 해서 전체 학급 아이들이 모두 알고 있다고 할 수 있는가? 중학교 수업에서도 대화 유형이 많이 관찰된다. 주로 모둠 학습활동을 많이 시키고 모둠 대표가 나와 발표를 하게 한 후 피드백을 주는 수업이 많다. 하지만 모둠의 대표가 정답을 이야기했다고 해서 모둠 내 전체 아이들이 답을 알고 있다고 할 수 있는가? 때로는 답을 빨리 찾아 먼저 발표한 모둠에게 보상을 준다는 수업을 관찰할 때가 있는데, 이런 경우 대부분 모둠 내 공부를 잘하는 아이들이 중심이 되어 답을 찾게 되지 진정한 협력을 통한 모둠학습은 이루어지지 않는다. 대화 유형 수업에서는 선생님과 아이들 간 양방향 소통이 이루어지지만 부분적 소통이 이루어지고, 그러다 보니 일부 아이들의 이해도만을 진단하고 학급 전체의 이해도 진단에 따른 적응적 수업은 이루어지지 않는다. 수업의 속도 역시 아이들의 이해 속도에 맞추기보다 선생님 자신의 속도에 맞게 수업이 이루어지고, 따라서 수업의 양도 많아질 수 있다. 수업 내용과 난이도도 선생님의 관점에서 결정되게 된다. 대화 유형의 수업도 결국은 가르침 중심의 수업이라고 할 수 있다.

담화 유형이란 아이들 개개인과 일대일의 소통이 이루어지는 수업을 의미한다. 담화라는 말 자체가 일대일의 대화를 의미한다. 부버(Buber)[3]라는 교육철학자에 따르면, 교육이라고 말하기 위해서는 아이 개개인과 선생님 간 일대일의 인격적 만남이 필요하다고 한다. 선생님 한 사람이 학급 전체를 대상으로 수업을 하

3) Buber, M.(1964). Reden uber erziehung. (8th ed.). 우정길 역(2010). 교육강연집. 서울: 지식을 만드는 지식.

게 되면 아이들 입장에서는 학급속의 한 구성원으로 선생님을 만나게 된다. 학급이라는 대중 속에 숨어 있으면 선생님과 일대일로 인격적인 만남을 하고 있다는 생각이 들지 않는다. 만일 일대일의 담화를 하고 있다고 생각된다면 아이들은 딴짓하기 힘들어지고 끊임없이 상대의 말을 듣고 반응하는 소통에 참여할 수밖에 없다. 즉, 일대다(一對多)의 관계 속에서는 인격과 인격의 만남이 이루어질 수 없고, 단순한 지식 전달은 교육이라고 할 수 없다는 것이다.

담화 유형의 수업에서 선생님은 어떤 방식으로든 아이 개개인과 소통이 이루어진다. 수업컨설팅 과정에서 많은 선생님들이 자신도 모르는 상황에서 담화의 전략을 사용하고 있는 것을 관찰할 수 있었다. 앞에서 사례로 든 화학 선생님의 화이트보드나 초등학교 선생님의 수화가 그 대표적인 담화 전략이다. 어떤 초등학교 선생님은 수업 중 아이들이 학습지를 풀다가 빨간색, 노란색, 초록색 종이컵을 책상에 올리게 하고 신호등 신호를 이용하여 개개 아이들의 이해도를 판단하시는 분도 있었다. 담화의 전략으로 가장 많이 쓰이는 것은 비언어적 소통 전략이다. 아이들은 끊임없이 표정이나 눈빛, 장난, 멍하게 있기, 딴짓 등의 비언어적 소통을 통해 '선생님 수업이 어려워요.' '따라가기 힘들어요.' '재미없어요!' 등 자신들의 의사 표현을 하고 있지만, 어떤 선생님은 아이들의 비언어적 소통을 무시하고 자신의 방식으로 독백이나 대화만 하시는 선생님도 계신다. 담화 유형의 수업은 아이들이 이해 가능한 내용을 아이들의 학습 속도에 맞추어 수업 속도가 진행되며, 아이들의 이해 정도에 맞추어 수업이 항상 변화되는 적응적 수업이 이루어지게 된다.

독백 혹은 대화 유형의 수업과 담화 유형의 수업을 관찰해 보면 수업 분위기나 선생님과 아이들 간의 관계에서도 많은 차이점들을 관찰할 수 있다. 담화 수준의 수업은 수업 분위기가 매우 역동적이다. 선생님과 아이들 간 활발한 소통이 이루어질 뿐만 아니라, 때로는 아이들 간 상호작용도 역동적일 때가 있다. 담화 수업에 참여하는 아이들과 인터뷰를 해 보면 대부분의 아이들이 선생님을 존경하고 있었으며, 선생님이 자신들 모두에게 많은 기대를 가지고 있고 개개 아이들의 학습에 관심을 가지고 노력하고 계신다는 것을 잘 알고 있었다. 따라서 선생님과 아이들 간에 형성된 긍정적 관계는 다시 수업을 역동적으로 만드는 순환적 고리를 발견할 수 있었다.

어떻게 하면 아이들이 수업 내내 참여하는 수업을 할 수 있을까?

위에서 이야기한 독백, 대화, 담화 유형의 수업 사례를 보면 한 가지 답을 찾을 수 있을 것이다. 한 사람의 선생님이 한 학급의 많은 아이와 일대일의 담화를 한다는 것은 매우 어려운 일이다. 모든 아이의 배움에 신경을 써야 하기 때문에 많은 에너지를 필요로 한다. 업무에 지친 선생님들에게 이런 에너지를 요구하는 것은 무리일 수 있지만, 선생님들이 자신만의 담화 방식을 찾아 학급 내 개개 아이들의 배움을 진단하고 함께 호흡하면서 아이들과 동행하는 수업을 하려고 한다면 아이들도 그 동행에 기꺼이 참여하는 수업이 될 수 있고, 배움에서 소외되는 아이들 혹은 배움에서 도피하는 아이들, 그리고 수업에 집중하지 않는 아이들의 수는 점점 줄어들 수 있을 것이다.

수업의 생태학적 시각

수업을 개선하려는 많은 접근들이 선생님을 바꾸면 수업이 바뀐다는 전제로 접근하는 경우가 많다. 수업 장학이 그 대표적인 예이다. 수업 장학은 선생님의 수업 능력이나 기술을 변화시켜 아이들의 학습을 개선하려는 접근을 하고 있다. 수업 코칭이나 멘토링의 경우도 교사의 성찰을 통해 자신의 수업을 개선하도록 돕고 있다. 하지만 모든 수업 문제의 원인이 선생님에게 있고, 특히 수업 능력의 부족으로 인한 것인가 하는 의문이 든다.

한 초등학교 남자 선생님의 수업 사례를 살펴보자. 수업 관찰을 해 보니 수업 준비가 너무 안 되어 있었고, 선생님은 많은 시간을 설명하는 데 보내고, 아이들은 몸을 비틀거나 딴짓을 하는 아이들이 많았다. 만일 수업 장학 접근을 했다면 수업 개선을 위한 다양한 수업 전략을 제언했겠지만, 수업컨설팅 관점에서는 그 원인이 무엇인지 보다 더 체계적인 분석을 실시하게 된다. 분석

결과에 따르면, 그 선생님에게 너무 많은 업무가 부과되고 있어서 수업 준비를 할 시간이 없는 것을 알 수 있었다. 그 학교는 소규모 학교였으나 규모가 작다고 해서 행정 업무가 적은 것은 아니었고, 다른 큰 규모의 학교와 유사한 업무를 처리해야 했다. 그리고 교장이나 교감 선생님이 그 선생님이 일을 잘하니 그 선생님에게만 중요한 업무를 주고 있었다. 일을 못하는 다른 선생님들에게는 처벌보다는 일을 주지 않는 보상이 주어지고 있었고, 일을 잘하고 열심히 하는 그 선생님에게는 보상보다는 과중한 업무라는 처벌이 주어지고 있었다. 이 경우는 조직 구조의 문제이지 선생님의 수업 역량 부족의 문제는 아니었다.

또 다른 수업 사례를 살펴보자. 모 지역 중학교 수업 사례이다. 그 학교는 최근 재개발에 의해 아파트가 들어서긴 했지만 일부 지역은 여전히 주택가로 남아 있어 주택과 재개발 아파트에서 온 학생들이 반반 정도 되는 독특한 환경의 학교였다. 수업을 관찰해 보니 수업을 잘 따라오는 아이들도 있었지만 전혀 따라오지 못하는 아이들도 많이 관찰되었다. 아이들의 선수학습 능력에서 많은 차이가 관찰되었다. 이런 수업 환경에서도 수업을 못 따라오는 아이들에 대한 책임을 모두 선생님에게 돌릴 수 있는가? 이런 경우는 학교 차원의 특별한 보충수업을 위한 프로그램 운영이 필요하다. 즉, 가정환경과 학교 구조적 문제가 수업의 근본적 원인이 된다.

수업은 4개의 벽으로 단절되어 있는 고립된 공간에서

의 고립된 활동은 아니다. 유명한 생태학자인 브론펜브레너(Bronfenbrenner)에 따르면 수업은 또래 관계, 가정의 양육환경, 선생님, 사교육 경험, 지역사회, 교육청, 미디어, 입시 정책, 교육문화와 같은 미시 체계, 중간 체계, 외 체계, 거시 체계 그리고 시간 체계 등의 복합적 영향을 받고 있다고 한다. 특히 우리나라의 교육 체제에서는 수업의 질보다 부모의 사회경제적 지위가 아이들의 학업 성취를 대부분 결정한다고 한다. 우스갯소리로 아이들이 좋은 대학에 가려면 할아버지의 재력과 엄마의 정보력, 그리고 아빠의 무관심이 필요하다고 한다. 그만큼 우리나라에서는 가정환경이 아이들의 성적을 좌지우지한다는 의미이다. 수업은

〈표 1-3〉 수행공학 관점에서 본 수업 문제의 5가지 근본 원인

근본 문제	문제 원인 예시	개선 방향
학습 부재	• 교사: 교수법이나 수업 설계 지식 부재 등 • 학생: 선수학습 부재 등	연수나 교육 또는 자기주도적 학습
조직 구조	• 교사: 업무 분장이나 보상 체제의 불합리성 • 학생: 학급 내 역할 분담 문제	역할과 업무 분장 조정
동기	• 교사: 열정이나 사명감의 부재 • 학생: 학습 동기 저하	동기 증진 전략
환경	• 교사: 휴식 공간 부재 • 학생: 도서관이나 교실 환경 비효과성	환경 개선, 학생들 자리 배치 조정 등
문화	• 교사: 개인주의적 학교 풍토 • 학생: 차가운 학급 풍토	장기적인 가치 체제 재정립 활동 등

아이들과 선생님의 상호작용도 중요하지만 다양하고 복합적 요인들에 의해 영향을 받고 있다. 예를 들어, 어떤 부모의 양육 교육을 받았는가에 따라 아이들의 수업 태도나 동기는 달라질 수 있고, 정부의 입시 정책에 따라 학교 수업의 방향은 엄청난 영향을 받고 있다. 지금도 정시와 수시의 비율로 많은 논쟁이 있고, 어떤 결정이 이루어지는가에 따라 학교에서 시험 중심의 문제풀이식 수업이 주를 이루거나 또는 학생부종합전형을 위한 여러 활동들이 강조될 수 있다.

수업컨설팅은 다른 수업 개선 전략들과는 달리 수행공학적 접근을 시도하고 있다. 수행공학이란 인간수행(human performance) 문제를 보다 체제적(systemic) 관점에서 체계적(systematic)으로 해결하려는 접근이라고 할 수 있다.[4] 수행공학의 특징은, 인간수행은 여러 가지 체제적 요인들에 의해 영향을 받는다고 보고 있는데 체제적 접근은 생태적 접근으로 이해할 수 있다. 모든 인간수행은 크게 다음과 같은 다섯 가지 원인에 의해 발생한다고 한다. 첫째는 지식이나 기술의 결핍과 같은 학습 부재의 원인, 둘째는 개인이 속한 조직의 구조적 요인에 따른 원인, 셋째는 개인의 동기 요인, 넷째는 개인이 속한 환경적 요인, 그리고 마지막으로 문화 요인 등에 의해 인간수행 문제가 발생한다는 것이다. 학습 부재의 원인이란 몰라서 못하는 것을 의미하고, 이

4) 이상수, 강정찬, 이유나, 오영범(2012). 체계적 수업 분석을 통한 수업컨설팅. 서울: 학지사.

런 경우는 연수나 교육을 통해 문제 해결이 가능하다. 조직의 구조적 문제란 앞에서 이야기한 일을 잘하는 초등학교 선생님처럼 업무 분장이 잘못되고 보상 체제가 잘못되어 일이 한 사람에게 몰리는 문제가 발생하게 된다. 이런 경우는 업무 분장과 보상 체제를 바꾸는 조직 구조의 변화를 통해 문제가 해결된다. 동기 문제는 할 수 있는 능력은 있지만 여러 가지 이유로 하기 싫어서 하지 않는 경우를 의미한다. 이런 문제는 보상 체제의 변화나 교사로서 열정을 일깨워 줌으로써 문제를 해결할 수 있다. 환경적 문제는 교실 환경, 도서관 환경, 수업 매체 지원 환경 등과 같이 물리적 환경이나 학습 자원 지원이 안 되서 발생하는 문제로, 적절한 지원이나 환경 개선을 통해 문제를 해결할 수 있다. 가끔 교실 환경에서 아이들의 위치 배정을 잘못하여 학급 분위기가 엉망이 되어 수업 문제가 발생하는 경우도 종종 관찰할 수 있다. 마지막으로, 문화 문제란 학급 풍토나 학교 풍토와 같이 그 조직이 가지고 있는 규칙이나 생활 습관 등으로 인한 문제로, 문화 문제는 많은 시간 투자를 통한 장기적 접근이 필요로 한다. 수업에서 아이들이나 교사의 수행 문제는 모두 이들 다섯 가지 요인으로 나누어 접근할 수 있고, 잘못된 진단에 의한 잘못된 처방이 이루어지면 증상은 치료가 되는 것 같지만 다시 근본적인 문제가 다시 발생하는 현상이 반복되게 된다. 만일 선생님 중에서도 자신의 수업 개선을 위한 노력이 잠시 효과가 있고 다시 반복되어 발생한다면, 잘못된 원인 진단에 의한 잘못된 처방이 이루어졌는지 성찰해 볼 필요가 있다.

수업 생태학적 관점에서 본다면 모든 수업 문제는 선생님이나 아이들 개인에게서 문제의 원인을 찾기보다는 체계와의 불일치에서 찾아야 하며, 따라서 효과적인 문제 해결을 위해서는 모든 문제를 생태학적이고 거시적인 관점에서 접근해야 한다. 즉, 공부를 못하는 아이들이 아니라 현 교육 체제에 맞지 않는 공부 방식을 선호하는 아이들일 수 있고, 능력이 없는 것이 아니라 부모나 주변의 지원이 부족하고 이런 부족으로 인해 공부할 기회가 적어서 결핍이 누적된 아이들일 수 있다. 아이들이 획일화된 수업에서 벗어나 '딴짓'을 통해 자신만의 적성이나 자질을 발견할 기회는 주지 않고 오직 공부라는 하나의 잣대로만 줄을 세우는 학교 시스템이 어떤 아이들과 맞지 않을 수 있다. 이런 경우, 아이들의 문제인지 학교 시스템 혹은 사회 시스템의 문제인지 선생님으로서 고민이 된다. 아이들에게 기회만 준다면 모차르트를 능가하는 음악가, 메시를 능가하는 축구선수, 게임 전문가, 춤꾼, 마이크로소프트사를 창업 한 빌 게이츠나 페이스북의 창업자인 저커버그를 만들어 낼 수도 있다.

수업 문제에 있어서도 수업 생태학적 접근을 하는 수업컨설팅은 아이들의 성적 부진을 아이들의 능력 부족에서 찾지 않는 것처럼 모든 수업 문제의 원인을 선생님의 역량 부족에서 찾지 않는다. 하나의 사례를 더 살펴보자. 수업컨설턴트 양성을 위한 연수를 하고 있을 때 일이다. 연수 중 쉬는 시간에 한 선생님이 찾아 오셔서 이 연수를 빨리 들었다면 한 명의 선생님을 명퇴시키지 않았을 것인데 아쉽다는 이야기를 해 주셨다. 자세한 이야기를 들어 보니 퇴직을 3년 앞둔 초등학교 남자 선생님을 컨설팅하는 과정에서 수업이 너무 엉망이라 다양한 협동 학습 전략을 포함한 수업 개선 보고서를 드린 적이 있다고 한다. 그러고 나서 수업 개선이 이루어졌는지 다음 수업 관찰을 위한 일정을 잡으려고 연락을 드렸는데, 그분이 하신 말씀이 명퇴를 신청했으니 오실 필요가 없다고 하셔서 너무 놀랐다고 하셨다. 급하게 그분을 찾아가서 이런 저런 이야기를 나누었고, 그 선생님의 말씀에 따르면 자신도 다양한 협동 학습 전략을 알고 있지만 준비하는 것이 귀찮아 자신의 방식대로 수업을 해 오고 있었는데 귀찮아서 명퇴를 결심했다고 한다. 이분의 경우는 협동 학습 전략과 같은 수업 전략을 몰라서 실행을 안 한 것이 아니라 수업에 대한 열정이나 동기가 문제가 된 사례이다. 이 사례의 경우, 동기의 문제이지 몰라서 못하는 학습의 문제가 아니었던 것이다.

앞의 사례들에서 발견할 수 있는 것처럼 수업 문제가 선생님과 학교 구조와의 불일치 혹은 직무 동기와 사회 구조와의 불일치로 인해 나타날 수 있다. 수업은 매우 역동적 특성을 가지고 있다. 수업 현상을 잘 이해하기 위해서는 수업 내부에서의 역동성뿐만 아니라 수업을 둘러싼 학교, 가정, 지역사회, 사회 문화적 요인들과의 역동적인 관계를 이해할 필요가 있다. 따라서 수업을 개선하기 위해서도 수업만 들여다보는 미시적 시각으로 접근해서는 증상만 치료하고 실질적인 문제를 치료하지 못할 수 있다. 수업을 개선하기 위해서는 거시적 시각과 미시적 시각을 모두 필요로 한다.

최고의 수업 방법

수업컨설팅 주제로 가장 많은 요청을 받는 것은 '어떻게 가르칠 것인가?'이다. 같은 수업 내용이라 하더라도 매우 다양한 방법으로 가르칠 수 있다. 학교 현장에서 많은 분들이 가장 많이 하는 오해는 최신의 수업 방법이나 활동 중심 수업이 최고의 수업 방법이라는 생각을 가지고 있다는 것이다. 생각보다 많은 의식 있는 선생님들이 이런 잘못된 생각을 고치려고 노력하고 있지만, 수업 연구대회와 같이 교육청이 주도가 되어 선생님들 수업을 평가할 때 무엇인가 새롭고 창의적이며 활동 중심 수업 활동이 우수 수업으로 선정되고 있어서 이런 잘못된 인식을 바꾸는 것이 쉽지 않은 상황이다.

최고의 수업 방법은 선생님이 의도한 학습 목표를 아이들이 달성하도록 하는 수업 방법이 최고이다. 때로는 강의식 수업이 최고의 수업 방법이 될 수 있고, 때로는 거꾸로 수업 같은 최신의 수업 방법이 최고가 될 수도 있다. 단 하나의 진실은 '모든 수업에 최고가 될 수 있는 단 하나의 수업 방법'은 존재하지 않는다는 것이다. 수업 방법은 아이들, 가르칠 내용, 교사 자신의 능력, 환경적 제약 등 다양한 요인들에 의해 결정되게 된다. 얼마 전에 '배움 공동체'가 붐을 이루면서 모든 수업을 배움 공동체 형태로 운영해야 한다는 주장이 있었지만, 배움 공동체 역시 모든 수업에 효과적인 수업 방법이 될 수 없으며, 효과적인 경우와 그렇지 않은 경우가 있었다.

수업 방법에 대한 사례들을 통해 어떻게 가르칠 것인가에 대한 답을 성찰해 보자. 첫째 아이가 초등학교 때 일이다. 하루는 집에 돌아가 보니 아이가 엄마에게 혼이 나고 있었다. 그 당시 '수학 학습지'를 아이가 풀기 싫다고 해서 엄마가 설득을 하고 있었고, 그 과정에서 나는 아이 편을 들다 혼이 난 적이 있었다. 내용인즉, 책 한 권 전체가 두 자리 수 곱셈 문제로 채워져 있는 문제지를 풀어야 했고, 한 페이지에 20개 정도 유사한 문제들이 반복되고, 페이지 위쪽에는 몇 분 만에 모두 문제를 풀었는지 시간을 재서 쓰도록 되어 있었다. 아들의 말은 두 자리 수 곱셈 문제를 풀 수 있는데 왜 반복해서 풀어야 하고, 자기는 시간과의 싸움은 불안해서 질색인데 왜 속도를 빨리하는 연습을 해야 하는가를 묻고 있었다. 집사람 말은 우리나라 대학 입시 수학은 문제를 잘 풀어도 연산이 잘못되면 틀리게 되고, 수학은 시간과의 싸움이라 빨리 연산할 수 있는 능력을 길러 주기 위해 어쩔 수 없다는 것이었다. 이런 일이 있은 얼마 후 미국에 교환교수로 갈 기회가 있었다. 미국 초등학교에서는 두 자리 수 곱셈을 한국보다 약 일 년 늦게 가르치고 있었다. 그리고 특이한 것은 전자계산기를 아이들에게 주고 시험에도 활용하게 하는 것이었다. 그 이유는 연산 능력이 중요한 것이 아니라 수학적 사고력을 길러 주는 것이 중요하기 때문에, 연산 작업은 전자계산기를 활용하도록 한다고 하였다. 수업 방식도 달랐다. 예를 들어, 선생님이 아이들에게 준 과제는 부모를 따라 마트에서 가서 두 자리 수 곱셈식에 해당하는 사례를 찾아서 스토리 형태로 문제를 만들어 오라는 것이었다. 그리고 수업에서는 친구들이 만들어 온 문제를 서로 풀어 보는 방식으로 수업이 진행되었다. 아이들은 친구들이 만들어 온 문제를 풀면서 매우 즐거워했다고 한다. 그런데 아이들이 문제는 푸는 방식도 달랐다. 예를 들어, 12개의 사과가 들어 있는 박스가 11개가 쌓여 있으면 우리나라 아이들은 당연히 12×11이라는 공식을 만들었겠지만, 미국 아이들은 12×10+12로 곱셈식을 만들어 120에 12만 더하면 답이 나오도록 쉽게 문제를 푸는 방법을 찾는 수학적 사고를 하고 있었다. 수업컨설팅을 나가 보면 우리나라도 최근 들어서는 스토리 형태의 수학 문제를 많이 활용하고 있지만, 그 원래 취지인 수학적 사고를 가르치기보다는 여전히 문제 풀이에 초점을 둔 교육이 이루어지고 있는 경우가 많다.

이 두 사례를 보면 같은 두 자리 수 곱셈을 가르치고 있지만 완전히 다른 방법으로 가르치고 있는 것을 알 수 있고, 아이들이 푸는 문제의 종류가 다름을 알 수 있다. 조나센(Jonassen)[5]에 따르면, 문제의 종류를 크게 잘 구조화된 문제(well-structured problem)와 비구조화된 문제(ill-structured problem) 두 가지로 나눌 수 있다고 한다. 잘 구조화된 문제란 주어진 문제가 명확하고, 주어진 문제에 문제를 풀기 위한 모든 정보가 포함되어 있으며, 정답이 한 가지만 존재한다. 하지만 비구조화된 문제는 문제가 명확하지 않을 수 있고, 주어진 문제에 문제를 풀기 위한 정보를 모두 포함하고 있지 않아서 아이들이 문제를 풀기 위해 어떤 정보를 더 필요로 하고, 그 정보는 어디서 어떻게 습득할 수 있는지를 결정해야 한다. 그리고 무엇보다도 정답이 하나가 아니고 다양하다는 것이다. 우리나라 학교에서 다루어지는 시험 문제들은 문제에 문제를 풀기 위한 모든 정보를 담고 있고 하나의 정답을 요구하고 있어 잘 구조화된 문제만을 다루고 있다. 앞의 사례를 보면, 수학 학습지처럼 주어진 문제를 풀어 정답을 찾는 사고와는 달리 미국 수업의 사례는 아이들이 자유롭게 문제를 스토리 형태로 만들고 다양한 방법으로 풀어 볼 수 있게 하는 비구조화된 문제를 풀고 있다. 잘 구조화된 문제와 비구조화된 문제를 푸는 과정은 다르고, 따라서 완전히 다른 사고력을 필요로 한다. 잘 구조화된 문제는 문제에 필요한 정보를 잘 찾아 필요한 법칙

5) Jonassen D. H. (1997). Instructional design models for well-structured and ill-structured problem-solving learning outcomes. *Educational Technology Research and Development*, 45(1), pp 65-94.

을 적용하여 풀면 된다. 하지만 비구조화된 문제를 풀기 위해서는 문제 자체를 먼저 분석하고 문제를 새롭게 규정하는 작업에서 시작하여, 어떤 정보가 더 필요하고 그 정보는 어디서 어떻게 구해야 하는지를 찾는 사고를 해야 한다. 우리 삶에서 부딪히는 대부분의 문제들은 비구조화된 문제들이다. 문제 자체가 명확하지 않고, 문제에 그 문제를 풀기 위한 모든 정보도 포함되어 있지 않으며, 하나의 정답만이 존재하지도 않는다. 따라서 구조화된 문제만을 풀던 사람은 비구조화된 문제를 풀 수 없게 된다. 결국 학교에서 가르치고 있는 '문제가 문제'가 되고 있다.

한 연구[6]에 따르면, 미국과 중국 대학교 1학년들을 대상으로 과학적 사고와 과학적 지식을 비교한 결과 다음 그림처럼 과학적 지식에서는 미국보다 중국 학생들이 매우 높은 성취도를 보였지만, 과학적 사고력을 측정한 결과 두 국가 학생들이 유사한 성취도를 보여 주고 있었다. 다시 말해, 과학적 지식은 과학적 사고력을 담보하지 않는다는 것이다.

우리나라 수업을 관찰하고 있으면, 아이들에게 생각의 기회와 시간을 잘 주지 않는 것을 볼 수 있다. 선생님이 많은 중요한 것들을 모두 설명해 주고, 발문을 하고도 잘 기다려 주지 않고 바로 답을 요구하거나, 선생님이 참지 못하고 답을 이야기하는 것을

6) L. Bao, T. Cai, K. Koenig, K. Fang, J. Han, J. Wang, Q. Liu, L. Ding, L. Cui, Y. Luo, Y. Wang, L. Li, N. Wu (2009). Learning and science reasoning. *Science, 323*, 586-587.

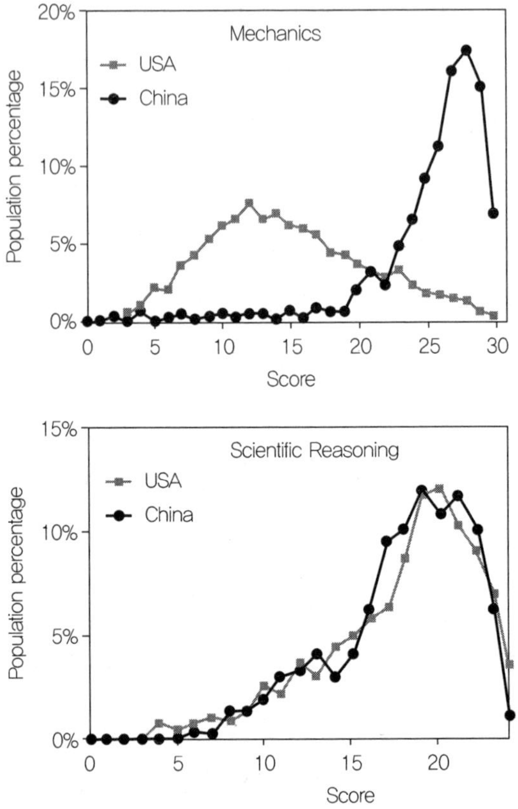

[그림 1-1]

관찰할 수 있다. 왜 문제가 그렇게 풀리는지 필요한 수학적 사고는 선생님만 하고 있고, 아이들은 받아먹는 수업을 많이 보게 된다. 과학적 지식은 많이 가르치고 있지만, 정작 필요한 과학적 사고를 배울 수 있는 기회를 주지 않는다. 잘 구조화된 문제는 많이 가르치고 있지만, 비구조화된 문제를 풀어 볼 수 있는 기회는 많지 않거나 없는 경우가 많다.

같은 내용이지만 가르치는 방법에 따라 완전히 다른 능력을 길러 주게 된다. 따라서 무엇을 가르칠 것인가도 중요하지만, 어떻게 가르칠 것인가가 더 중요할 수 있다. 보다 정확히 이야기한다면, 무엇을 가르칠 것인가와 어떻게 가르칠 것인가는 분리가 불가능하다. 가르칠 내용에 따라 가르칠 방법은 달라져야 한다. 하지만 학교 현장에서 잘못된 방법으로 가르치면서 완전히 다른 것을 가르치는 경우가 많다. '문제를 풀 수 있는 능력'을 가르치는 것이 아니라 '문제 푸는 방법을 설명하는 능력'을 가르치는 경우가 많다. 즉, 어떻게 문제를 푸는지 잘 설명은 하는데 정작 문제를 풀어 보라고 주면 풀지 못하는 경우가 많다. 편지는 잘 쓰지 못하면서 편지 잘 쓰는 방법은 잘 설명할 수 있고, 영어로 소통은 못 하지만 어떻게 소통하는지에 관한 문제는 잘 풀 수 있게 가르치고 있다. 대학에서도 사범대학 학생들의 경우 학습자 중심 수업은 어떻게 하는지 잘 설명은 하는데, 정작 수업을 해 보라고 하면 못하는 경우가 많이 있다.

그렇다면 수업은 어떻게 가르쳐야 하는가?

답은 간단하다. 교육과정에 '성취기준'이 존재한다. 성취기준이란 수업 목표인 도달점 행동, 즉 '아이들이 수업이 끝나고 무엇을 할 수 있게 되는지'를 판단할 수 있는 준거를 의미한다. 따라서 수업을 설계할 때 성취기준과 관련된 도달점 행동을 수업에서 아이들이 해 보도록 하는 것이 어떻게 가르칠 것인가의 답이 된다. 물론 교육부에서 제시한 성취기준을 그대로 따라 하라는 것은 아니다. 선생님이 교육과정을 재해석하고 아이들에게 필요한 것이 있다면 더 보충하거나 수정하여 수업에 적용해야 한다.

초등학교에서 편지글 형식에 맞추어 글을 쓸 수 있게 가르치는 두 가지 수업 사례를 살펴보자. 첫 번째 선생님은 아이들에게 좋은 편지글 형식 사례를 보여 주고 아이들이 모방해서 그대로 써 보도록 한 후 각 형식들이 왜 필요한지 아이들이 토론을 통해 찾아보게 한 다음, 다시 편지글을 쓰고 친구들끼리 피드백을 주며 교사가 전체 피드백을 주는 수업을 했다. 이 수업에서 아이들이 편지글을 써 보는 시간은 40분 수업 중 20분이 넘었고, 10분 정도는 피드백을 주고받으며 토론하는 시간으로 채워졌다. 또 다른 수업을 보자. 두 번째 수업에서는 선생님이 편지글 형식에 대한 설명을 하는 활동, 편지글들을 읽어 보는 활동, 그리고 편지글 쓰는 활동 세 가지 활동을 했는데, 앞의 두 가지 활동에 시간이 많이 소모되어 아이들이 편지글을 직접 써 보는 시간은 채 5분이 되지 않았다. 두 수업 모두 편지글 형식을 가르치는 내용으로 수업이 이루어졌지만, 두 번째 수업은 편지글 형식은 잘 알게 되었지만 실제 형식에 맞게 편지를 잘 쓰는 능력을 갖기 어려운 수업이다.

어떻게 가르칠 것인가는 쉬우면서도 어려운 과제이다. 같은 두 자리 수 곱셈을 가르쳐도, 그리고 편지글 형식을 가르쳐도 어떻게 가르치는가에 따라 아이들이 무엇을 할 수 있게 되는가는 완전히 달라질 수 있다.

활동만 있고 배움은 없는 수업

학교 현장에서 의식이 있는 선생님들 중에는 교육청의 잘못된 정책에 대해 반발하며 자신만의 수업을 실천하는 분들이 있다. 하루는 젊은 한 초등학교 선생님이 수업컨설팅을 요청하시면서 교육청 정책에 대해 많은 비판의 말씀을 해 주셨다. 교육청마다 교육감이 바뀌게 되면 새로운 교육감들은 자신의 존재감을 알리기 위해 새로운 정책들을 쏟아 낸다고 한다. 자신이 속한 교육청에서 '활동 중심 수업'을 강조하면서 모든 수업에서 활동이 중심이 된 수업을 하도록 요구받고 있다고 하셨다. 그러다 보니 아이들의 참여나 활동만 너무 강조하게 되고, 정작 배움이 없는 수업들이 많아진다고 하시면서 활동 중심 수업이 좋은 수업인지 질문을 하셨다.

이 선생님의 질문은 평소 내가 고민하고 있던 생각과 일치하는 부분이 많아 많은 대화를 했던 기억이 난다. 활동 중심 수업이 좋은 수업인가? 물론 활동 중심 수업은 아이들이 듣기만 하는 수업에서 벗어나 실제 경험을 통해 체험적 지식을 습득할 수 있다는 측면에서 매우 효과적인 수업이라 할 수 있다. 하지만 문제가 되는 것은, 너무 활동만 강조하다 보니 활동만 있고 배움이 없는 수업들이 양산되고 있다는 것이다. 실제 수업컨설팅 사례를 통해 성찰해 보자. 한 초등학교에서 수업컨설팅을 했던 사례이다. 수업 목표는 '그러나와 그리고의 접속사를 이용하여 문장을 만들 수 있다.'였다. 그 전 시간에 이미 그러나와 그리고의 접속사에 대한 개념적 학습을 한 후 이를 실제 문장으로 만들 수 있게 하는 수업이었다. 이 수업의 세 번째 마지막 활동은 '골든벨' 활동이었다. 선생님이 파워포인트로 '그러나'와 '그리고'의 접속사가 있는 문장을 보여 주면 아이들은 ○× 판을 들어 답을 맞혔고, 틀리면 교실 뒤로 나가 서 있어야 했다. 3분 정도 지나서 학급의 반 수 이상 아이들이 틀려서 뒤로 나가 서 있었고, 약 12분 정도 지나서 골든벨을 울린 아이를 뽑고 보상을 준 후 수업은 끝이 났다. 수업 후 협의회에서 다른 선생님들은, 아이들이 참여한 역동적인 수업이었고 게임식 수업이 재미있었다는 칭찬들이 많았다. 하지만 이 수업을 자세히 들여다보면 몇 가지 고민거리들이 있다. 첫째는 수업 목표가 두 가지 접속사를 이용하여 문장을 쓸 수 있는 능력을 길러 주는 것이었는데, 골든벨 활동은 이 수업 목표와 전혀 상관없는 활동이었다는 것이다. 수업컨설팅 전문적 용어를 사용하여 설명한다면, 골든벨 활동은 가네(Gagné)가 이야기하는 수업 목표 유형 중 법칙 학습, 즉 '그러나'와 '그리고'라는 접속사의 사용 법칙을 익히는 수업 활동이었다. 하지만 실제 수업 목표는 이들 접속사를 이용하여 문장을 만드는 문제 해결 학습에 속한다. 쉽게 표현한다면, 두 가지 접속사의 사용이 맞는지를 판단하는 활동을 했다고 해서 실제 이들 두 가지 접속사를 이용하여 문장을 쓸 수 있는 능력이 길러지지는 않는다는 것이다. 성인들도 글을 쓰는 것을 힘들어한다. 글을 쓰기 위해서는 주제를 정하고, 주어와 동사와 같은 품사어들을 선정하고, 논리적 관계에 맞게 글을 쓰는 매우 다양한 법칙들을 적용해야 한다. 특히 이 수업에서는 이들 일반적 글쓰기 법칙에 '그러나'와 '그리고'의 접속사를 사용하는 법칙을 더해야 한다. 초등 아이들의 경우, 이런 사고력은 매우 힘든 과제로 단지 ○× 판을 들어 단순 법칙의 오류를 판단하는 것과 매우 다르다. 즉, 이들 접속사의 사용 법칙이 맞는지를 판단하는 능력과 실제 이들 접속사를 이용하여 글을 써 보는 활동은 다른 사고의 과정으로 골든벨 활동, 즉 12분의 활동 동안 아이들은 실제 글을 써 보는 활동을 하지 않아 수업 목표 달성에 필요한 수업 활동은 없었다고 표현해도 무리가 아니다. 또 다른 문제로는 골든벨 활동이 시작된 후 3분이 지나서 교실 뒤에 나가 서 있는 반 수 이상의 아이들은 서로 장난이나 잡담을 하면서 9분의 수업 시간 동안 배움에서 제외 또는 소외되었다. 이들은 또한 뒤에 서 있으면서 패배 의식이나 좌절감을 느꼈을지도 모른다.

또 다른 초등학교 수업인 '구구단 왕을 뽑는 활동'에서도 유사한 상황을 발견할 수 있었다. 이 수업은 선생님이 노래를 틀어 주면 모든 아이들이 일어서서 춤을 추며 돌아다니다가, 노래가 멈추면 가장 가까이 있는 친구와 짝을 지어 가위바위보를 통해 이긴 아이가 구구단 문제를 내고 진 아이는 구구단 문제에 대한 답을 하도록 하였다. 그래서 한 사람이 틀리면 자리에 앉고, 이긴 아이는 다시 동일한 활동을 하다가 마지막에 구구단 게임에서 생존한 아이들에게 구구단 왕이라는 명칭과 왕관을 씌워 주는 활동이었다. 이 수업의 목표는 구구단을 이미 배운 후 실제 생활에 적용해 보는 것이었다. 이 수업 활동은 놀이를 통한 아이들의 참여식 수업이었지만 이미 학습한 구구단의 반복 학습이었으며, 실제 생활 속에 구구단을 적용해 보는 활동은 아니었다. 만일 교실에서 발견되는 사물의 수를 구구단을 이용해 빨리 풀어 보는 활동을 했다면 수업 목표와 수업 활동은 일치된 활동이 될 것이다. 예를 들어, 여섯 개의 분필이 들어 있는 분필 박스가 3개가 있었다면 6×3=18개의 분필을 쉽고 빠르게 계산해 낼 수 있게 된다. 이 수업 활동에서 더욱 문제가 되는 것은, 구구단을 틀려 앉아 있는 아이들은 수업의 나머지 시간 동안 구구단의 반복 학습에서조차 소외되고 있었으며, 왕관을 쓰는 아이들을 쓸쓸한 표정으로 바라보고 있었던 일이었다.

중학교와 고등학교도 예외는 아니다. 어느 중학교 과학 수업에서 수업 목표는 '물질 교환은 소화, 순환, 호흡, 배설이 연계되어 있음을 설명할 수 있다.'였는데, 마지막 수업 활동은 장기 이식에 대한 찬반 토론을 하도록 하는 것이었다. 음식을 먹게 되면 어떻게 소화가 되어 어떤 에너지로 바뀌고, 그 에너지는 어떤 순환의 과정을 거쳐 몸을 구성하거나 에너지로 사용되며, 이들 물질 교환 과정에서 호흡을 통한 산소가 어떤 영향을 미치는지 등의 유기적 연계성을 아이들이 파악하는 것과, 장기 이식을 하는 것이 윤리적 차원과 개인적 삶 차원에서 어떤 의미가 있는지를 논의하는 것은 매우 다른 능력을 얻게 한다. 즉, 장기 이식에 대한 찬반 토론은 수업 목표와는 아무런 연관이 없는 활동이었다.

다시 원래의 질문으로 돌아가 보자. 활동 중심 수업만이 좋은 수업인가? 그렇지는 않다. 만일 수업 활동이 아이들에게 수업 목표를 달성하기 위해 꼭 필요한 활동이라면, 활동을 통한 수업은 아이들이 듣기만 하는 수업에서 벗어나 겪어 보는 수업을 하도록 하면서 수업 효과를 극대화할 수 있는 좋은 수업이 된다. 하지만 그 수업 활동이 수업 목표와 일치하지 않는 활동이라면, 활동 중심 수업이라고 해도 앞 사례의 수업처럼 의미가 없는 수업이 될 수 있다. 수업컨설팅에서는 이러한 수업 문제를 수업 일관성[7]의 부재라고 한다. 수업 일관성이란 수업을 구성하는 주요 요소들인 수업 목표, 수업 내용, 수업 전략, 학습자, 수업 매체, 수업 평가가 서로 동일한 방향으로 진행되는가를 의미한다. 예를 들어, 앞의 사례처럼 그러나와 그리고의 접속사를 이용한 글쓰기를 가

7) 이상수, 강정찬, 이유나, 오영범(2012). 체계적 수업 분석을 통한 수업컨설팅. 서울: 학지사.

르치고, 아이들에게 글을 써 보게 하고, 올바로 쓰고 있는지를 평가하기보다, 문장을 보여 주고 접속사가 올바로 사용되고 있는지를 묻는 사지선다의 평가는 수업 목표와 수업 평가 간 일관성에 문제가 있는 것이다. 그리고 골든벨 활동은 아이들에게 글을 써 보는 활동이 아니라 그 전 시간에 배운 그러나와 그리고의 접속사의 올바른 사용에 대한 판단을 하는 수업 활동으로, 수업 목표와 수업 방법 간 일관성의 부재이다. 이 외에도 아이들 수준에 맞지 않게 진행된다면 수업 목표와 학습자 간 일관성 부재가 된다. 또한 아이들은 단순히 학습지를 통해 글쓰기 활동을 하면 되는데, 파워포인트를 사용한 접속사를 사용한 문장만을 보여 주는 활동은 수업 목표에 맞지 않은 수업 매체를 사용한 수업 목표와 수업 매체 간의 일관성 부재를 의미한다. 아이들에게 파란불에 길을 건너도록 가르치고 사지선다 형태로 올바른 길 건너기 방법을 묻는 평가는 교통질서에 대한 지식을 평가하는 것이지, 아이들이 파란불에만 길을 건너는 태도가 형성되었는지를 평가하는 것은 아니다. 이처럼 수업 분석을 하다 보면 수업 목표, 학습자, 수업 내용, 수업 방법, 수업 매체, 수업 평가 등에서 일관성이 없는 수업들을 많이 관찰할 수 있다.

물론 반대 경우의 선생님도 많이 계신다. 끊임없이 아이들 관점에서 수업을 보고, 내가 어떻게 수업을 할 것인가에 초점을 두기보다는 수업에서 아이들이 어떤 배움을 있게 할 것인가를 고민하면서 자신만의 수업 방법들을, 그리고 자신만의 활동 중심 수업 전략을 개발하시는 분들도 많이 있다. 활동을 배움으로 연결시키기 위해서 선생님은 가르칠 내용에 대한 지식, 수업 목표에 대한 명확한 이해, 가르칠 아이들의 수준과 특성에 대한 이해, 다양한 수업 방법에 대한 지식과 기술, 수업 매체를 개발하고 활용할 수 있는 능력, 학생들의 학습을 평가하기 위한 다양한 유형의 평가 전략과 도구들에 대한 지식을 가지고 있어야 한다. 사람을 가르친다는 것은 그만큼 고도의 지식과 사명감, 노력 그리고 성찰을 통한 지속적인 수업 개선 활동들을 요구하고 있다. 현장 선생님들 중에는 이러한 것들에 대해 제대로 연수나 교육을 받지 않아도 현장에서의 경험을 통해, 그리고 성찰을 통해 스스로 깨닫고 올바로 실천하고 있는 분들이 많이 계신다. 어떤 선생님들은 현장 경험으로부터 자신만의 이론과 모형을 만들어 실천하시는 분들을 많이 볼 수 있다. 수업 전문가로서 또 수업컨설턴트로서 이들 선생님들을 만나게 되면 존경심이 생긴다. 현장에서 의식을 가지고 활동만 있고 배움이 없는 수업이 아닌 진정한 활동 중심 수업을 만들어 가시는 선생님들이 많아지신다면, 수업의 미래는 밝아질 것이고 이 책이 그런 변화에 기여할 수 있기를 바란다.

자기수업컨설팅: 증상이 아닌 근본 원인 치료하기

한 초등학교 선생님 한 분이 나를 만나자마자 수업하는 것이 너무 어렵다고 하소연을 하셨다. 수업 중 아이들이 집중하지 못하는 모습을 보면 마음이 쓰여서 재미있는 이야기도 해 보고 아이들이 좋아하는 동영상도 사용하면서 아이들이 수업에 집중하게 해 보려 했지만, 잠시 효과가 있다가도 다시 아이들은 딴짓을 시작한다고 하셨다. 이 선생님 말고도 나에게 개인적으로 수업컨설팅을 요청하신 선생님들의 대부분은 혼자서 수업을 개선하려고 노력을 하다가 잘 안 돼서 신청한 경우가 많다. 수업이 잘 개선되지 않는 이유는 여러 가지가 있을 수 있지만, 이런 경우 대부분은 선생님이 눈에 보이는 증상만 개선하려고 노력하고 실제 근본적인 원인을 찾지 못한 경우가 많다.

수업컨설팅을 위한 첫 단계는 선생님에게 수업컨설팅 의뢰서를 작성해서 보내 달라고 하는 것이다. 수업컨설팅 의뢰서의 목적은 선생님이 수업컨설팅을 의뢰한 이유와 목적을 알기 위한 것이 첫 번째 이유이지만, 또 다른 중요한 목적은 선생님 자신이 인식하고 있는 수업 문제는 무엇이고, 그 문제를 해결하기 위해 어떤 노력들을 해 왔는지를 알기 위해서이다. 이런 정보만으로도 수업 현상을 어느 정도 추론해 볼 수 있고, 지금까지 선생님이 하셨던 노력들이 증상 치료를 위한 노력이었는지 근본 원인을 해결하기 위한 노력이었는지 분석하기 위한 시작점이 되기 때문이다. 많은 노력을 했음에도 수업이 잘 개선되지 않는 경우는, 대부분 선생님이 진단한 수업 문제는 근본적인 문제가 아닌 증상에 불과한 경우가 많다. 그러다 보니 수업 개선을 위한 노력은 많이 해 왔지만 근본적인 변화가 이루어지지 않아 수업이 잠시 개선되는 것 같다가도 다시 본래의 문제로 돌아가는 현상이 반복되게 된다. 의사들의 경우, 증상(symptom)만 치료하는 경우와 실제 병(disease)을 찾아 고치는 경우의 결과는 매우 다르게 나타나는 것을 알 수 있다. 옛날에 반영된 〈허준〉 드라마를 보면, 입이 돌아간 왕자의 병을 두고 어의는 입이 돌아오도록 처방을 하여 잠시 좋아졌다가 다시 입이 돌아와서 병을 고치지 못하지만, 허준은 구안와사(위암)임을 바로 알아채고 입이 돌아간 것을 고치기보다 위암을 고쳐서 증상에 불과했던 입이 다시 정상이 되도록 고쳤던 기억이 난다.

수업컨설팅에서도 눈에 보이는 증상과 그 근본적인 수업 문제를 구분하는 통찰력이 매우 중요하다. 한 사례를 살펴보자. 초등학교에 발령받은 지 4년 정도 되었던 남자 선생님 이야기이다.

이 분이 수업컨설팅을 의뢰할 때 핵심이 되었던 수업 문제는, 아이들의 학습 동기가 낮아서 수업을 시작한 지 10분도 안 되어 많은 아이들이 수업에 집중하지 못하고 장난치고, 멍하게 있고, 딴짓하기 시작한다는 것이었다. 따라서 수업컨설팅 주제는 아이들의 학습 동기를 높일 수 있는 전략에 도움을 달라는 것이었다. 이 경우는 아이들이 수업에 집중하지 못하는 이유를 학습 동기 유발 전략에 문제가 있다고 진단하고 다양한 동기 유발 전략을 사용하셨던 경우이다. 수업컨설팅을 할 때 조심해야 할 것 중 하나가 이 선생님처럼 수업 개선 전략을 선생님 스스로 선정하고 이에 대한 도움을 요청한 경우이다. 그냥 단순히 선생님이 요청한 전략에 대한 도움을 드리기만 하면 선생님이 원하는 근본적인 수업 문제는 해결되지 않는 경우가 많다. 따라서 반드시 어떤 이유로 학습 동기 유발 전략을 필요로 하는지를 물어서 그 상위에 있는 수업 문제를 찾아내고 선생님이 요청한 전략들이 상위 수업 문제를 해결하기 위한 적절한 방법인지를 판단해야 한다. 이 사례의 경우, 선생님이 학습 동기 유발 전략을 요청한 것은 학생들의 수업 집중도를 높이는 상위 수업 문제를 해결하기 위한 것으로 추후 수업 분석을 통해 학습 동기 유발 전략이 학생들의 수업 집중도를 높이는 전략인지 판단을 해야 한다. 많은 경우, 선생님들이 "거꾸로 수업 전략에 도움을 주세요." "협동 학습 전략에 대해 도움을 주세요."처럼 구체적인 전략에 대한 도움을 요청하시는 경우가 많으며, 이런 경우 바로 요청한 주제로 도움을 주기보다 왜 거꾸로 수업을 하려고 하는지, 왜 협동 학습 전략을 사용하려고 하는지 그 상위의 목적을 찾아 거꾸로 수업이나 협동 학습이 그 상위 목적을 달성하기 위한 적절한 전략인지 판단하고 도움을 주기 시작해야 한다. 이러한 과정을 수업컨설팅 과제의 명확한 규정과 근본원인 진단 활동이라고 한다. 다시 앞의 사례로 돌아가 보자. 이 수업을 관찰하고 분석을 해 보니, 수업 문제의 근본적인 원인은 선생님의 학습 동기 증진 전략에 있는 것이 아니라 수업 화법에 있었다는 것을 알게 되었다.

이 부분을 이해하기 위해서는 정보처리 이론에서 이야기하는 인간 뇌의 정보처리 과정에 대한 이해가 필요하다. 정보처리 이론에 따르면, 인간의 뇌는 작동기억과 장기기억의 두 가지 중요한 기억 시스템에 의해 학습이 이루어진다. 오감으로부터 들어오는 모든 정보는 사고가 이루어지는 전두엽에 위치한 작동기억으로 간다. 하지만 작동기억은 컴퓨터 CPU(central processing unit)처럼 용량의 한계가 있어서 특정 정보를 담고 있으면 다른 정보는 더 이상 처리가 될 수 없는 현상이 발생한다. 따라서 '선택적 지각'이 발생하게 된다. 즉, 오감에서 들어오는 정보들 중 중요하다고 판단되는 정보만 선택하여 지각을 한다. 예를 들어, 화장실에 오래 앉아 있으면 코가 마비되는 것이 아니라 작동기억에서 지속적이고 반복적으로 들어오는 정보는 중요한 정보라고 판단하지 않고 차단을 해 버린다. 이것을 '후각의 피로'라고 한다. 촉각 역시 마찬가지이다. 여러분들은 지금 옷을 입고 있지만 옷의 느낌을 항상 인지하고 있지 않고 있을 것이다. 이 글을 읽는 순간 옷의 느낌을 느끼게 될 것이다. 왜냐 하면 옷의 느낌은 지속적이고 반복적으로 들어오는 정보로 '촉감의 피로'를 가져오기 때문이다.

수업컨설팅을 의뢰했던 선생님의 경우, 흥분하면 말이 빨라지고 목소리 톤이 높아지는 현상을 가지고 있었다. 선생님은 수업을 시작하면 얼마 있지 않아 말이 빨라지면서 높은 톤을 유지한 채 설명이 이루어짐에 따라, 아이들은 일정한 톤과 동일한 빠르기의 선생님 말씀이 '청각의 피로'를 가져와 집중도가 자연스럽게 떨어지게 된 것이다. 특히 연령대가 낮을수록 지속적이고 동일한 정보에 대한 오감의 피로도는 빨리 오게 된다. 이 선생님을 위한 수업 개선안 중 하나가 동화 구연 연습이었다. 동화 구연을 통해 목소리 톤을 높였다가 낮추기, 말의 빠르기를 빨리했다가 중요한 내용에서는 천천히 말하는 것을 연습하도록 하였다. 그리고 수업에서 동화 구연처럼 설명을 하도록 하였다. 그 결과, 수업에서 놀라울 정도로 많은 변화가 나타났다. 아이들의 과업 집중도[8] 검사를 해 본 결과, 처음 수업에 비해 동화 구연 연습 후 30%가 넘게 과업 집중도가 개선되었다. 즉, 30% 이상의 아이들

8) 과업 집중도 분석이란 수업 중 시간대별로 개개 아이들이 수업에 집중하는지 혹은 집중하지 않고 멍하게 있거나 친구와 장난하는 등의 행동을 기록하여 전체 수업 시간 대비 수업 집중 시간을 비율로 계산하여 수업의 효과성과 효율성을 판단하는 분석 도구이다.

이 수업에서 멍하게 있거나 딴짓을 하다 수업에 집중하게 되었다는 것이다.

이처럼 수업이 쉽사리 개선되지 않는 것은 선생님들이 자신의 수업 문제의 근본 원인을 찾아 해결하기보다는 증상에만 초점을 두고 개선하려는 노력을 한 경우가 많기 때문이다. 수업을 개선하기 위해서는 수업 문제에 너무 집중하여 미시적인 모습만 보려 하기보다, 수업 문제에서 빠져나와 좀 더 거시적 관점에서 또는 좀 더 객관적인 관점에서 자신의 수업을 내려다보고 분석해 보는 시도가 필요하다. 이러한 과정을 도와주는 것이 자기수업컨설팅이다.

자기수업컨설팅이란 선생님 자신과 자신의 수업을 보다 객관적인 관점에서 새롭게 들여다보고, 체계적인 접근을 통해 지속적으로 학습자들의 배움을 개선해 가는 실천적 성찰 과정이다.[9]

쉽게 표현해 자기수업컨설팅은 교사 스스로 외부 전문가의 도움 없이 자신의 수업 문제를 규정하고, 수업을 보다 객관적이고 과학적인 방법으로 분석하여 수업 문제의 근본적 원인을 찾아 개선해 가는 지속적인 자기성찰의 과정이라고 할 수 있다. 자기수업컨설팅은 크게 세 가지 과정을 통해 진행된다. 첫 번째는 '되돌아보기(zoom out)' 활동으로, 수업에서 빠져나와 보다 객관적이

9) 이상수, 강정찬, 이유나, 오영범(2018). 자기수업컨설팅: 성찰적 실천가가 되기 위한 전략. 서울: 학지사.

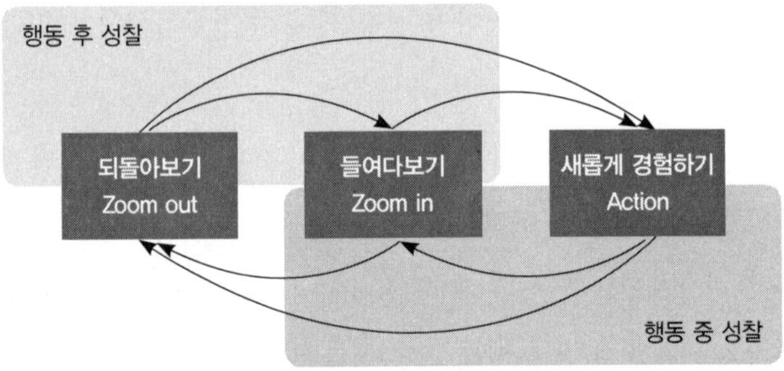

[그림 1-2]

고 거시적 관점에서 수업의 중요한 네 가지 요소들인 선생님 자신, 가르칠 내용, 학습자, 학습 환경 각각에 대해 성찰해 보고, 내 수업에서 어떤 개선이 필요한지 자기수업컨설팅 과제를 선정하는 활동을 한다. 이 과정에서 교사로서 자신을 더 잘 이해하고, 자신이 가르치는 학생들의 특성들을 잘 이해하고, 교육과정을 잘 이해하며 재구성하는 활동을 하게 된다. 두 번째 활동은 '들여다보기(zoom in)' 활동으로, 실제 수업을 하면서 다양한 수업 분석 도구들을 활용하여 앞에서 성찰한 네 가지 수업 요소들 간 역동적 상호작용을 분석하고 수업의 개선 방안을 찾는 작업이 이루어진다. 세 번째 활동은 '새롭게 경험하기(action)' 활동으로, 들여다보기 활동과 되돌아보기 활동의 반복적인 활동을 통해 새로운 수업 전략을 찾아서 이를 실제 수업에 적용해 보고 원하는 수업 현상으로 개선이 이루어지는지를 관찰하고, 필요하면 새로운 수업 전략의 개선이 이루어지는 과정이다. 자기수업컨설팅은 이들 과정을 지속적이고 순환적으로 실천함으로써, 자신의 수업 문제가 인식되면 이를 수업 과정과 수업 후 과정에서 충분히 성찰하고 근본적인 문제 원인을 찾아 개선해 가는 전략이라고 할 수 있다.

자기수업컨설팅은 선생님을 전문가로 인정하고 외부 다른 전문가의 도움 없이 스스로 수업을 성찰하고 개선할 수 있도록 체계적인 전략을 제시하고 있다. 이런 자기수업컨설팅의 실천에서 무엇보다도 중요한 것은, 혼자보다 수업 개선의 의지를 가진 몇몇 선생님들이 모여 함께 수업을 들여다보고, 논의하고, 함께 개선해 가는 노력이 필요하다는 것이다. 이런 과정을 통해 다른 선생님의 도움을 받아 수업 증상에만 몰두하고 개선하려는 오류에서 벗어나, 수업이 가진 근본적인 문제들을 함께 발견하고 개선해 나갈 수 있을 것이다.

수업의 나비효과

나이가 있으신 고등학교 물리 선생님을 수업컨설팅할 때 그 선생님이 이런 말씀을 하신 적이 있다. 수업을 바꾸고 싶은데 지금까지 오랜 시간 동안 하던 방식과는 달리 수업 전체를 바꾸어야 될 것 같아 막상 엄두도 나지 않고 두려움이 있어서 수업을 바꾸는 노력을 아예 하지 않는다고 말씀하셨다. 수업컨설팅을 하다 보면 많은 선생님들이 "수업을 혁신하고 싶은데, 그러려면 수업 전체를 바꾸어야 하나요?"와 같은 질문을 하는 경우가 많다. 앞의 물리 선생님 말씀처럼 수업 전체를 바꾸려 하는 것은 쉽지 않고 두려운 일이라 오히려 수업 개선에 방해가 된다. 수업컨설팅의 많은 경험에 따르면, 수업은 살아 있는 유기체와 같아서 수업의 작은 한 부분이 바뀌면 역동적 상호작용 효과에 따라 수업의 많은 부분들이 변화하는 것을 경험해 왔기 때문에, 앞 질문에 대한 답은 수업 전체를 바꾸기보다 실천 가능한 작은 부분의 변화부터 시작하는 것이다.

다시 고등학교 물리 선생님 수업의 사례로 돌아가 보자. 처음 그 수업을 관찰했을 때 선생님과 아이들 간 상호작용도 없었고, 반 이상의 아이들이 졸거나 딴짓을 하는 수업이었다. 선생님은 열심히 칠판을 두 번 이상 지워 가며 열강을 하였지만, 몇몇 아이들을 제외하고는 수업을 따라가지 못하고 있었다. 선생님은 고등학교 특성상 진도를 나가야 하기 때문에 강의식 수업을 완전히 다른 수업 형태로 바꾸고 싶지 않다고 하셨다. 따라서 선생님과 의논한 결과, 50분 수업 중 35분은 이전처럼 강의를 하시고, 나머지 15분만 아이들에게 할애하기로 합의를 하였다. 그 15분 동안 아이들에게 미니 하브루타(Havruta)를 실시하도록 수업을 개선해 보았다. 35분의 선생님 강의가 끝나면 두 명의 아이들이 짝을 만들어 가위바위보를 하여 이긴 아이가 처음 5분 동안 그 시간 강의 내용 중 이해가 가지 않는 부분에 대해 질문을 하고, 진 아이는 답을 하도록 하였다. 그다음 5분 동안은 역할을 바꾸어 답을 하던 아이가 질문을 하고, 질문하던 아이는 답을 하도록 하였다. 이런 질문과 답의 과정에서 아이들이 처절하게 묻고 답하는 논쟁을 하도록 유도하였다. 그리고 나머지 5분 동안은 쉬우르 활동을 통해 짝끼리도 답을 찾지 못한 질문이 있으면 전체 학급에 질문을 하고, 다른 팀이 답을 하거나 안 되면 선생님이 답을 해 주는 시간을 가졌다. 단지 15분의 시간을 아이들에게 할애했는데 많은 변화들이 관찰되었다. 수업 중 졸던 아이들이 손을 들어 질문하기 시작하였다. 나중에 아이들과 면담을 한 결과에 따르면, 아이들은 수업 중 선생님이 설명하는 내용이 이해가 가지 않을 경우 옛날에는 그냥 지나갔지만, 미니 하브루타를 실시한 후에는 나중에 짝이 그 부분에 대해 질문할 것 같아 그냥 못 넘어가고 선생님께 질문을 하게 되었다고 한다. 그리고 수업을 들을 때 이해가 안 되는 부분을 친구들이 설명해 주니 이해가 잘 된다고 하였다. 선생님은 어렵게 설명하지만 친구는 쉽게 풀어서 자신의 수준에 맞는 용어와 논리로 설명을 해 주어 이해가 잘 된다고 반응을 하였다. 친구에게 설명을 해 주는 과정에서도 아이들은 친구에게 설명을 하다 보면 잘 이해가 안 되는 부분도 자신도 모르게 정리가 되어 이해가 되고 기억도 잘 된다고 반응을 하였다. 또한 아이들은 강의만 들을 때는 수업 후 머릿속에 기억나는 것들이 없었는데, 수업이 바뀐 후로는 하브루타를 통해 활동했던 내용은 기억에 남는다는 반응을 하였다. 무엇보다도 아무런 상호작용도 없고 수업 분위기가 가라앉는 수업이었는데, 미니 하브루타를 실시한 후 스스로 질문을 하는 아이들이 관찰되고, 수업에 대한 집중도도 높아졌으며, 아이들이 역동적으로 바뀌니 선생님도 수업이 즐거워지고 더 역동적으로 수업에 참여하시면서 수업 전체의 분위기도 바뀌는 것을 관찰할 수 있었다.

중학교 사례도 살펴보자. 중학교에 첫 발령을 받은 여선생님의 이야기이다. 이 선생님은 영어를 가르쳤는데 중학교 남자 아이들을 대상으로 수업하는 것이 너무 힘들고 분위기가 안 좋아 도움을 요청한 사례였다. 수업에서 아이들과의 관계가 수업 분위기를 결정하게 되고, 수업 분위기는 수업의 역동성이나 학업 성취와 직결된다. 이런 관점에서 선생님에게 아이들과 관계 개선을 위한 전략을 조언했다. 예를 들어, 수업 시작하기 3~4분 전에 수업에 들어가서 아이들과 공부 외에 함께 공유할 수 있는 이야기를 찾아보도록 하였다. 처음에 그 선생님은 아이들과 함께 공유할 수 있는 것을 찾는 것 자체를 힘들어하셨다. 그러다가 아이들이 요즘 어디에 목숨을 걸고 있는지를 찾아보도록 하였고, 결과적으로 아이들이 좋아하는 게임을 선생님도 시도하였다. 그리고 그 내용으로 아이들과 이야기를 해 보도록 권유하였다. 그 선생님은 수업 전에 들어가서 그 당시 세계 챔피언십이 열리던 게임의 이름만 이야기했는데, 수업 시간에는 그렇게 물어도 답을 안 하던 아이들이 너무 열심히 이야기에 참여하는 것을 보고 놀랐고, 그 바람에 수업이 늦게 시작되었다고 한다. 하지만 수업 분위기는 이전과는 사뭇 다르게 느껴졌다고 한다. 몇 번의 이런 시간들을 거치면서 아이들과 선생님 간의 관계가 형성되기 시작했고, 아이들이 자신들의 사적인 이야기를 하기 시작했다고 한다. 예를 들어, 우진이라는 아이가 영양사 선생님을 좋아하다가 다른 선생님을 좋아하게 되었다든가, 아이들끼리 싸웠던 이야기 혹은 주말에 아이들끼리 모여서 노래방에 갔던 이야기 등 자신들의 이야기를 개방하기 시작했다고 한다. 중요한 것은, 이 선생님이 수업에 이런 사례들을 사용하면서 수업 분위기는 더욱 좋아졌고 아이들과의 관계도 개선되었다고 한다. 예를 들어, 과거형에 대한 수업을 하면서 우진이의 이야기를 예로 만들어서 'Woojin loved nutritionist(우진이는 영양교사를 사랑했었다).'라고 설명을 하자 어떤 아이가 'Woojin is still loving nutritionist(우진이는 여전히 영양교사를 사랑하고 있어요).'라고 바꾸어 말하는 아이가 있었다고 한다. 아이들이 요즘 무엇에 관심을 가지고 있고 빠져 있는지를 알고 공감해 주며 수업에서 이런 사례들을 예로 사용했을 뿐인데, 아이들의 역동적인 참여와 함께 수업 분위기도 바뀌고 즐거운 수업으로 변화하는 것을 관찰할 수 있었다.

초등학교 수업 사례를 살펴보자. 선생님은 초등학교 2학년 아이들을 가르치고 계셨고, 그 반 아이들은 활동 중심 수업에는 열심히 참여하는데 유독 선생님이 설명하는 부분에서 수업에 집중하지 못하고 장난을 하는 아이들이 많아서 고민을 하고 있었다. 이 선생님은 성격상 정리를 잘 하지 못하는 분이었다. 교실 앞쪽에는 학교 운영이나 수업에 대한 많은 자료들이 붙어 있었고 많은 물건들도 쌓여 있었다. 전 시간 수업에 사용했던 과학 실험 자료들도 쌓여 있었고, 선생님 책상에도 물건들이 많았다. 예를 들어, 수업 관찰을 갔을 때 선생님 책상 위에 작은 포장된 선물이 하나 놓여 있었는데, 수업 중 여러 명의 아이들이 수업에 집중하지 않고 그 선물이 자신들에게 보상으로 줄 것인지 아니면 다른 선생님을 위한 선물인지를 가지고 논쟁을 하였다. 그래서 다음 수업에서는 교실 전면부에 있는 모든 게시물들을 없애고 책상을 포함하여 옆 테이블에 있는 물건들을 모두 없애도록 하였다. 단지 아이들의 시선을 끌고 주의분산을 유도했던 물건들을 정리했을 뿐인데, 아이들의 집중도는 달라지기 시작하였다. 공간을 정리하고 조정한 것만으로 딴짓을 하던 아이들이 집중하는 것이 보였고, 이런 아이들의 모습에 선생님은 더 열정적인 수업을 하셨고, 아이들도 더 역동적으로 반응하기 시작하였다.

수업은 살아 있다.

수업 전체를 혁신적으로 바꾸지 않아도 작은 변화가 전체 수업의 변화를 가져올 수 있다. 그 이유는 수업은 매우 역동적이기 때문에 작은 부분의 변화가 전체의 변화로 나비효과를 가져올 수 있기 때문이다. 수업의 흐름이 어디서 막혀 있는지를 찾아 물꼬를 틔어 주면 수업은 다시 생동감을 찾게 된다.

수업의 온도

나의 취미 중 하나는 시간이 되면 책방에 가서 최근 나온 책들을 둘러보는 것이다. 여행에 관한 책들부터 시작하여 자기계발서, 경제에 관한 것과 소설 등 다양한 영역에서 최근 어떤 이야기들이 오고 가는지 둘러보는 것이 내 취미 중 하나다. 하루는 책방에 갔다가 눈에 띄는 책이 있어 한참을 서서 읽다가, 결국 그 책을 사서 나왔다. 그 책이 내 눈에 띄었던 것은 먼저 보라색 표지였기 때문이다. 다양한 색 중 내가 가장 좋아하는 색이 보라색이었고, 그 책은 아무런 이미지 없이 보라색 표지에 책 제목과 부제 그리고 저자의 이름만 적혀 있어서 단순하면서도 강한 이미지를 주었다. 하지만 단지 보라색 표지라는 것만으로 내 관심을 끈 것은 아니었고, 책 제목과 부제가 나의 관심을 끌었다. 그 당시 내가 연구하고 있는 주제가 '따뜻한 교육공동체 만들기'였다. 연구의 목적은 '어떻게 교육현장을 서로가 배려하고 존중하며 공감해 주는 따뜻한 곳으로 만들 것인가'였다. 그런데 그 책의 제목이 『언어의 온도』[10]였고, 부제는 '말과 글에는 나름의 따뜻함과 차가움이 있다'였다. 그 책에는 마음이 참 따뜻해지는 사연들과 글들이 있었다.

우연히도 비슷한 시기 수업컨설팅 과정에서 발령받은 지 5년 정도 되는 신규 선생님께서 나에게 수업에도 온도가 있는지, 그리고 따뜻한 수업은 어떻게 만드는지를 질문하셨다. 갑자기 왜 그런 질문을 하는지 물어보니, 그분의 멘토가 되는 한 선배 선생님이 따뜻한 수업을 하라고 조언을 해 주셨는데, 자신은 따뜻한 수업이 어떤 수업인지 모르고 어떻게 해야 할지 몰라 도움을 요청하셨다고 했다.

수업컨설팅을 하다 보면 수업에도 온도가 있다는 것을 느낀다. 차가운 수업과 따뜻한 수업이 있다. 어떤 수업에서는 선생님이 별 재미없는 이야기를 해도 아이들이 깔깔깔 웃고, 선생님이 발문을 하지 않아도 아이들이 스스로 질문을 하거나 수업 시간 내내 선생님과 아이들 간 혹은 아이들끼리 역동성이 느껴지는 수업이 있다. 이런 유형의 수업을 잘 관찰해 보면, 수업 시간에 오가는 말들이 참 따뜻하다는 생각이 들 때가 있다. 예를 들어, 수업 시간에 아이들이 오답을 이야기해도 선생님이 틀렸다라고 이야기하기보다 "너의 발상 전환적 답 좋아! 내가 발문했던 것과 초점이 조금은 다르지만." 등과 같이 오답에 대한 비판보다 답을 한

10) 이기주(2016). 언어의 온도. 경기: 말글터.

것 자체에 대한 긍정적 지지를 해 주는 수업이 있다. 아이들이 가벼운 장난을 쳐도 선생님이 장난으로 같이 넘기고, 아이들끼리도 서로 지지와 격려의 말들을 많이 하는 따뜻한 수업이 있다. 이런 수업에서 아이들은 서로 소속감을 느끼고 자신이 실수나 오답을 해도 지지를 받는 안전감과 존중감을 느낀다. 예를 들어, 수업에서 조는 아이들이 있어도 선생님께서는 비난을 하기보다 "나도 고등학교 때 많이 졸았다. 하지만 지금 하는 이야기는 시험에 나올 수 있는 중요한 이야기이니 조금만 집중해 줄래?" 하고 공감의 말을 통해 아이들을 격려하는 것을 볼 수 있었다.

어떤 수업에서는 선생님은 열심히 가르치고 있지만 많은 아이들은 수업에 참여하지 않고, 선생님이 발문을 해도 아이들은 반응이 없을 뿐 아니라 계속 땅으로만 내려앉는 무거운 수업 분위기의 수업이 있다. 이런 수업에서 선생님들은 일반적으로 아이들에게 열심히 수업을 하지 않고 딴짓을 한다는 비난과 비판의 말들과, 아무리 설명해도 아이들이 이해하지 못한다는 아이들 능력에 대한 부정적 판단의 말들이 많이 오간다. 말에는 늘 온도가 있다. 부모님이나 선생님은 아이들이 믿고 있는 가장 권위적인 사람들이기 때문에 이들의 말들은 아이들의 가슴에 평생 묻히는 비수 같은 말들이 되기도 한다. "너라는 아이는 참……." "너는 항상 왜 이 모양이니……." "네가 하는 일이 다 이렇지……." "네가 할 수 있는 일이 무엇이니……." 등과 같은 부모님과 선생님의 말들은 아이들의 머리뿐만 아니라 가슴에도 새겨진다.

이들 수업은 왜 이런 차이가 나는지 수업을 분석해 본 적이 있다. 따뜻한 수업과 차가운 수업은 많은 요인들에서 차이가 있지만 가장 핵심적인 차이는 선생님과 아이들 간의 관계였다. 서로 신뢰와 애정을 가지고 있는지의 차이였고, 이들 신뢰와 애정의 차이는 또한 선생님이 가지고 있는 학생관과 수업관에 대한 차이로 인한 것들이었다.

〈표 1-4〉

따뜻한 수업	차가운 수업
• 칭찬과 격려의 말이 자주 관찰된다. • 웃는 모습이 많이 발견된다. • 활발한 제스처가 자주 관찰된다. • 생각이 자유롭게 표현되고 공유된다. • 틀린 답을 해도 용기를 주는 피드백이 주어진다. • 상호작용이 수시로 매우 활발하게 이루어진다. • 공감의 말이 많이 사용된다. • 감사의 사과의 말이 많이 사용된다. • 규칙 준수나 처벌보다는 존중과 배려의 행동이 많이 관찰된다. • 우리라는 공동체를 강조한다. • 부탁의 말이 많이 관찰된다.	• 비난, 책망, 꾸짖는 말이 자주 관찰된다. • 굳은 표정이나 찡그린 표정이 자주 관찰된다. • 아이들이 자신들의 생각을 표현할 기회가 거의 없다. • 틀린 답에 비판적 피드백이 주어진다. • 한 아이가 잘못을 해도 전체 아이들에게 주의가 주어진다. • 하나의 정답만을 요구하고 그것에서 벗어난 답은 무시된다. • 수업 규칙이 명확하고 모두 순종하길 바란다. • 엄격한 통제하에 수업이 진행된다. • 개인의 성적을 강조한다. • 명령의 말이 많이 관찰된다.

따뜻한 수업을 하는 선생님들과 인터뷰를 한 결과, 대부분의 선생님들은 아이들 개개인을 존중하고 있었고 아이들 개개인의 성장에 관심을 가지고 있었다. 수업에 대해서도 수업의 주체를

아이들로 보았고 무엇을 '가르칠' 것인가에 관심이 있기보다 아이들이 무엇을 '필요로' 하는지에 관심을 가지고 있었다. 이들 선생님들이 수업에서 사용하는 말들은 격려의 말, 칭찬의 말, 공감의 말, 감사의 말, 사과의 말, 우리라는 공동체의 말 등이 많이 사용되고 있었다. 뿐만 아니라 선생님과 아이들의 웃는 얼굴이 많이 관찰되었고, 아이들이 자유롭게 자신들의 생각을 말할 수 있는 분위기였다. 따뜻한 수업에서는 규칙 준수나 처벌보다는 존중이나 배려의 행동과 말들이 많이 관찰되었으며, 매우 역동적인 상호작용이 관찰되고 있었다. 따뜻한 수업에서 선생님들은 아이들에게 고맙다와 미안하다는 말을 많이 사용하고 있었다. 아이들이 열심히 수업 시간에 공부해 준 것에 대해서도 당연히 생각하기보다는 "이 따뜻한 봄날 점심시간 이후 잠이 많이 왔을 텐데 졸지 않고 수업에 열심히 참여해 주어서 고맙다."라는 말을 하셨다.

반면에 차가운 수업에서 선생님은 주로 아이들의 배움보다는 가르침에 초점이 있었고, 아이들에게 규정과 순종을 많이 강조하고 있었다. 물론 수업의 주체는 선생님이었다. 이들 선생님들이 가장 많이 쓰는 말들은 무엇을 해야 하고 해서는 안 되는지에 대한 말, 비판의 말, 비난의 말, 아이들의 자존감을 해하는 말, 공격적인 말 등이 많이 사용되고 있었다. 차가운 수업에서는 아이들이나 선생님 모두 찡그린 얼굴이나 무표정한 얼굴들이 많이 관찰되었고, 아이들은 자신의 생각을 표현할 기회가 없었다. 때로는 한 아이가 잘못을 해도 전체 학급에 대한 주의가 주어졌고, 수업 규칙이 명확하고 이를 준수하기를 강요받고 있었다. 엄격한 통제가 강조되고 있었고, 지시나 명령조의 말들이 많이 관찰되었다. 또한 개인의 성적이 중요한 가치로 이야기되고 있었고, 성적에 따라 아이들이 판단되는 학급 분위기가 있었다.

따뜻한 수업과 차가운 수업은 선택이다. 어떤 선택을 하는가에 따라 선생님과 아이들 모두가 따뜻한 학교생활을 할 것인지 차가운 학교생활을 할 것인지가 결정될 것이다. 우리나라와 같은 수업 체제에서 어떤 수업을 만들 것인가는 선생님의 영향이 크기 때문에, 결국 따뜻한 수업을 만드는 것은 선생님에게 달려 있다고 해도 과언은 아닐 것이다. 나도 대학에서 따뜻한 수업을 하고 있는지 항상 반성을 하고 있다.

과정 중심 평가에 대한 오해

최근 들어 교육부 지침에 따라 학교에서는 과정 중심 평가가 중요한 이슈로 이야기되고 있다. 우리나라의 교육 정책들 중에는 톱다운(top-down) 형태로 갑자기 교육부나 교육청에서 지시를 통해 어떤 정책을 현장에 실천하도록 요구받는 경우가 많다. 하지만 많은 경우, 이런 식의 톱다운 정책들은 정부가 바뀌거나 교육감이 바뀌면 그 정책은 다시 원점으로 돌아가거나 의미를 상실하는 경우가 많다. 과정 중심 평가도 톱다운 형태로 내려온 정책 중 하나이다. 그래서 그런지 어떤 선생님이 나에게 "과정 중심 평가도 또 하나의 스쳐 지나가는 유행인가요?" 하고 질문을 하신 적이 있다. 과정 중심 평가는 본질적으로 새로운 개념이나 정책이기보다 수업에서 분리될 수 없는 하나의 수업 현상이라고 말할 수 있다. 하지만 현장에서 그 본질에서 벗어나 잘못 실천되면 또 하나의 스쳐 가는 유행으로 끝나게 될 것이다.

우리 딸이 고3 때의 일이다. 하루는 학교에서 돌아와 보니 화가 나서 씩씩거리고 있었다. 고3 딸을 둔 부모의 많은 분들이 경험했겠지만, 예민할 대로 예민해져 있는 아이의 눈치를 항상 잘 살피고 불똥이 튀지 않게 '근신'하며 살아야 한다. 조심스럽게 왜 화가 났는지 물어보니 딸이 하는 말이, 고등학교 아이들은 중간시험이 끝나면 그래도 일주일 정도는 휴식을 하면서 숨을 고를 수 있는데, 중간시험이 끝나는 주에 바로 이어서 과정 중심 평가 과제들이 모든 교과에서 쏟아져 나와 쉴 수가 없어 화가 난다고 했다. 솔직히 이야기하면 '학교가 미쳐 돌아가는 것 같다'고까지 표현을 했다. 과학 실험을 해서 보고서를 제출해야 하고, 책을 읽고 독후감을 써 내야 하고, 집단 프로젝트들에 대한 보고서들이 줄지어 있다고 한다.

학교에서는 교육부의 지침에 따라 과정 중심 평가가 이슈가 되

〈표 1-5〉

	일반 화법	수업 화법
목적	• 사교 • 정보의 교환	• 학습을 목적으로 함
패턴	• I–R 패턴	• I–R–E패턴
방법	• 일상적 용어	• 학습자 중심의 소통 –용어 –의미 내용 표상 –명확성과 논리성

I – Initiative
R – Response
E – Evaluation

면서 과정 중심 평가와 관련된 수업컨설팅 요청도 많이 들어오고 있다. 심지어 학교 단위로 교과별 과정 중심 평가에 대한 수업컨설팅을 요청하는 학교도 있다. 그럴 때마다 가장 힘든 작업이 기존의 평가에 대한 고정 관념과 싸우는 것이다. 학교에서 평가는, 곧 아이들의 능력에 대한 변별을 통해 줄 세우는 것으로 생각하고 있다.

평가는 수업과 분리될 수 없으며, 수업에서 평가는 본질적으로 아이들을 줄 세우는 것이 아니라 아이들의 학습을 위한 전략이다. 평가는 학습활동이며 수업 활동을 의미한다. 메한(Mehan)[11]에 따르면, 수업 화법은 일반 화법과는 달리 I-R-E의 패턴을 보여 준다고 한다. 여기서 I(Initiative)는 누군가 말을 시작한다는 것을 의미하고, R(Response)은 누군가 반응한다는 것을 의미한다. 그리고 E(Evaluation)는 평가를 의미한다. 그런데 여기서 평가는 누군가의 반응을 통해 말을 시작한 사람이 상대방이 자신의 말을 제대로 이해했는지, 이해했다면 어느 정도 이해했는지, 이해하지 못했다면 어떤 부분을 왜 이해하지 못했는지의 정보를 찾는 작업을 의미한다. 일반 화법은 주로 I-R의 패턴을 보인다. 정보를 주고받고 말하고 반응하는 패턴을 보이지만, 수업 화법은 배움을 목적으로 하기 때문에 어떤 내용을 가르친 후에는 실제 그 내용을 아이들이 얼마나 이해하고 있는지를 반드시 확인하는 평가가

11) Mehan, H. (1979). *Learning lesson: social organization in the classroom*. Cambridge, Mass: Harvard University Press.

이루어져야 한다는 것이다. 이런 의미에서 평가는 아이들의 학습 정도와 학습 결핍 요인을 찾아 충족해 주기 위한 정보를 찾는 작업이지, 아이들을 한 줄로 세우는 것이 목적은 아니다. 수업은 아이들의 학습을 목적으로 한다. 즉, 가르치는 것은 배움을 목적으로 한다. 그리고 가르치는 활동이 있었다면 반드시 아이들이 무엇을 얼마나 학습했고 어떤 것들을 학습하는 데 어려움이 있는지를 확인해야 하고, 이해하지 못한 부분이 있다면 이해를 시키고 지나가야 한다. 아이들은 이해하든 말든 그냥 가르치는 활동만 있다면, 앞에서 수업하기의 유형에서 말했듯이 이러한 수업은 단순한 독백이 되어 버린다.

이러한 평가를 형성평가라 하며, 수업 과정에서 이루어져야 한다는 의미에서 내재된 형성평가(embedded formative evaluation)라는 용어를 사용한다. 그리고 과정 중심 평가는 내재된 형성평가를 의미하며, 아이들의 학습과정에 대한 평가를 통해 아이들의 성장에 초점이 있고 학습을 위한 평가, 학습으로서의 평가를 의미한다. 다시 말해, 과정 중심 평가는 수업에서 아이들의 학습 과정에 대한 정보 수집을 통해 학습 문제를 찾아 개선할 수 있도록 하는 것이 목적이며, 평가의 주체는 선생님, 아이 자신, 동료 모두가 될 수 있다. 과정 중심 평가에서 가장 중요한 것은 피드백 활동이다. 단지 학습 문제를 진단하는 것으로 끝나면 학습 개선에 도움이 되지 않는다. 따라서 선생님이 평가의 주체였다면 아이들에게 수업에서 아이들에게 바라는 성취기준이 무엇인지, 현재 아이들이 어느 수준까지 와 있는지, 부족한 부분을 채우거나 개선하기 위해 무엇을 어떻게 더 노력해야 하는지 등에 대한 정보를 구체적으로 제공해 주어야 한다. 만일 학습자 자신이 과정 중심 평가의 주체였다면, 자신의 학습 문제를 스스로 진단하고 스스로 그 문제를 개선하기 위해 어떤 노력을 더해야 하는지 피드백을 찾는 활동 자체, 즉 과정 중심 평가 활동 자체가 곧 학습 활동을 의미하게 된다. 과정 중심 평가가 중요한 것은, 가르침이 가능한 가장 적절한 시기(teachable moment)가 있고 그 시기는 바로 학습과정에서 아이들이 실수를 할 때이다. 그때 바로 문제점을 찾아 개선할 수 있는 시기적절한 피드백을 제공해 주는 활동이 중요하고, 이런 활동이 곧 과정 중심 평가를 의미한다.

우리 딸의 예에서 보았듯이, 수업이 끝나고 또 다른 과제가 주어지는 것은 단순한 수행평가이지 과정 중심 평가는 아니다. 최근에 교육부에서는 과정 중심 평가를 과정 중심 수행평가로 명칭을 바꾸어 사용하고 있는데, 과정 중심 평가는 반드시 수행평가로만 이루어지지 않는다. 수업 중 수학 공식을 아이들에게 가르쳐 주고 학습지를 통해 지필평가 형태로 풀어 보게 함으로써, 어떤 유형의 문제를 아이들이 어려워하고 얼마나 많은 아이들이 문제를 풀 수 있는지 등을 파악하는 것도 과정 중심 평가에 해당한다. 앞에서 담화하기에서 이야기했듯이, 화학 선생님이 수업 중 화이트보드로 끊임없이 발문을 하고 전체 아이들이 다양한 답을 하게 하는 활동도 대표적인 과정 중심 평가에 해당한다. 수업 중 아이들에게 모둠 활동을 시키고 선생님이 순회하면서 개개인들의 학습을 관찰하고 아이들의 학습 정도와 문제점을 진단하는 것도 과정 중심 평가가 될 수 있다. 단순한 선생님의 발문이나 아이들 얼굴 표정의 변화 관찰 등도 과정 중심 평가가 될 수 있다. 중요한 것은 평가의 목적과 활용이지 그 방법은 아니다.

과정 중심 평가와 관련해서 수업컨설팅에서 가장 많이 듣는 말은, 그럼 어떻게 아이들 성적을 매길 수 있는가, 어떻게 모든 아이들이 불만을 갖지 않는 객관적 평가를 할 수 있는가, 어떻게 아이들의 변별력을 확보할 수 있는가 등이다. 하지만 이들 질문 모두는 아이들을 줄 세울 때 필요한 문제들이다. 변별력을 통해 아이들의 성적을 매기는 평가는 총괄 평가로, 또 다른 평가의 유형이다. 총괄 평가가 사용될 때가 있고 과정 중심 평가, 즉 형성평가가 사용될 때가 있다. 학교 현장 문화 자체가 선생님들에게 개개 아이들의 성장을 위한 평가를 강조하는 것이 아니라 아이들 등급을 객관적으로 매길 수 있는 방법, 문제가 생기지 않는 평가, 공정한 평가 방법 등을 강조하다 보니 수업의 본질과 평가의 본질을 흐리게 하고 있다. 물론 등급을 매기기 위해 변별력과 객관성을 유지하기 위한 평가가 필요할 수 있다. 하지만 과정 중심 평가에서만이라도 그 본질적 의미를 잘 이해하고 아이들이 자신들의 부족한 점을 찾아 개선할 수 있는 정보를 제공하여, 우리 아이들에게 진정한 배움이 일어날 수 있도록 도움을 주어야 할 것이다.

4차 산업혁명과 수업 이야기

아주 독특한 수업컨설팅 주제를 요청받은 적이 있다. 초등학교 젊은 선생님이었는데 수업컨설팅 요청 주제가 미래 수업을 대비하여 현재 자신이 어떤 노력을 해야 하는지 도움을 달라는 것이었다. 만나서 자세한 이야기를 들어 보니 최근 들어서 이야기되고 있는 4차 산업혁명이 먼 미래가 아닌 가까운 미래에 교육에 많은 변화를 줄 것 같고, 새롭게 초등학교에 들어오는 아이들은 변화된 시대의 아이들이라 이들을 가르치는 방법에서도 많은 변화가 필요할 것 같아 미리 대비를 하고 싶다는 것이었다. 수업컨설팅을 하다 보면 선생님들이 의욕과 욕심을 가지고 참여하면 수업컨설팅이 내내 즐거운 시간이 되는데, 이 분은 그러한 대표적인 사례였다.

산업혁명이라고 말할 수 있다는 것은, 사회 전반적인 변화로 인해 사회 문제를 이전의 문제 해결 방식으로는 더 이상 해결하기 어렵거나 효과적이지 못하기 때문에 새로운 문제 해결 방식이 필요한 경우를 의미한다. 그렇기 때문에 기존의 직업 군들이 사라지고 새로운 직업군들이 생기게 된다. 예를 들어, 자율주행차가 상용화되면 택시기사들은 직업을 잃게 될 것이고 자동차 사고가 줄어들어 보험 시장에도 직업을 잃는 사람들이 많이 생겨날 것이다. 자율주행차의 상용화는 이뿐만 아니라 자동차라는 운송도구를 소유할 필요가 없어짐으로써 이동 수단이 아닌 이동성을 판매하는 시대가 될 거라고 말한다. 즉, 어디에서 어디로 이동하고 싶다고 앱에 올리면 다양한 이동성 판매 회사들이 회사 앞에서 시작하여 도착지까지 어떤 이동 수단을 이용해 어떤 서비스를 얼마의 비용에 해 줄 것인지 제안하고, 사용자는 마음에 드는 서비스를 클릭하고 결제하면 되는 시대가 된다고 한다. 이러한 사회의 급격한 변화는 교육에 어떤 변화를 요구하고 있는가?

4차 산업혁명은 교육에도 많은 변화를 가져올 것이고, 미래 수업의 변화를 예상하고 준비하는 지혜가 필요할 것이다. 첫째, 무엇을 가르칠 것인가에 대한 변화가 필요하다. 세계 경제 포럼의 발표에 따르면, 2020년 미래 인재에게 필요한 역량 열 가지로 복잡 문제 해결 능력, 비판적 사고, 창의성, 사람 관리, 타인과의 조화, 정서 지능, 판단과 의사 결정, 서비스 태도, 협상, 인지적 유연성을 들고 있다. 이들 능력 중에서 네 가지가 인지적 능력과 관련이 있다면 창의성을 제외한 나머지 다섯 가지는 사람들과의 관계와 관련된 것이어서, 미래 사회에서는 다른 사람들과 어떻게 조화로운 관계를 맺고 유지할 수 있는지가 매우 중요한 능력이 되고 있다. 현재 학교 교육에서는 너무 인지적 영역에 초점이 있고, 그중에서도 복잡한 문제 해결이나 비판적 사고보다는 단순 문제 해결과 암기를 강조하고 있어서 대대적인 교육 내용의 변화를 필요로 하고 있다. 새로운 지식들이 쏟아지고 있어서 사회에 나가서 필요로 하는 지식을 학교 교육에서 모두 가르치는 것도 불가능하고 어떤 지식이 중요하다고 판단하기도 힘들어서, 지식과 기술을 가르치기보다는 사고력을 길러 주는 교육이 중요하다는 것이다. 특히 최근 들어서는 새로운 사고력 교육으로 컴퓨팅적 사고(computational thinking)가 전 세계적으로 강조되면서 국내에서는 소프트웨어 교육을 초등학교부터 강조하고 있다. 하지만 컴퓨팅적 사고는 사고력(thinking) 교육의 하나로, 새로운 다양한 컴퓨터 프로그램들의 도움을 받아 인간 혼자서는 풀 수 없는 문제를 해결할 수 있도록 하는 문제 해결 능력을 의미한다. 하지만 국내에서는 단순한 소프트웨어 교육으로만 끝나고 있고 새로운 문제 해결을 위한 수단으로 사용하는 코딩이 교육의 목적이 되어 있다.

둘째, 무엇을 가르칠 것인가가 바뀌면 어떻게 가르칠 것인가도 바뀌어야 한다. 교육 방법에서 변화는 크게 두 가지 특징으로 나누어 설명할 수 있다. 첫 번째는 생활과 연계된 실제 과제(authentic task) 중심의 교육이 이루어질 것이다. 최근 선진국에서는 메이커 교육(maker education) 붐이 일어나고 있다. 이를 위해 메이커 공간을 만들고 심지어 매년 메이커 박람회(maker fair)

를 열어 초등학교부터 성인에 이르기까지 자신들의 작품을 전시하고 엔젤 투자자의 투자를 받는 경우도 생기고 있다. 메이커 교육의 핵심은 다양한 배경과 능력을 가진 학습자들이 함께 모여 삶에서의 실제 문제를 해결하기 위한 산출물을 만드는 자유로운 창작 활동을 의미하며, 그 과정에서 필요한 지식과 정보를 스스로 습득하고 배우는 효과를 얻게 하는 교육이다. 이런 과정에서 매우 창의적인 것들이 만들어지고 실제 삶을 개선하는 효과도 얻게 된다. 메이커 교육은 창작이나 창직의 의미에서도 중요한 수단이 될 수 있다는 차원에서 4차 산업혁명 시대의 새로운 교육 방법으로 관심을 받고 있다. 두 번째 교육 방법의 변화 방향은 개인화가 주를 이룰 것이다. 전자교과서가 교육현장에 도입되면 학습분석학(learning analytics)[12]과 연결이 되어 개개 학습자들이 전자교과서를 통해 하는 모든 활동들이 저장되고 분석되어 인지적 능력이나 학습 속도에 맞는 맞춤형 개별화 수업(individualized instruction)이 제공될 뿐만 아니라, 아이들 개개인의 요구에 맞는 차별화된 학습 목표, 학습 동기, 태도, 감정 상태까지 파악하여 그에 맞는 개인화된 수업(personalized instruction)이나 학습 환경을 제공해 줄 수 있을 것이다. 예를 들어, 아이들이 어떤 학습 내용을 자주 방문하는지, 어떤 유형의 문제들에서

12) 학습분석학이란 개개 학습자의 학습과 학습 환경을 최적화하기 위하여 학습자와 학습 상황에 대한 정보를 수집하고 분석하여 활용하는 것을 의미한다.

자주 틀리는지, 문제를 풀 때 얼마의 시간이 소요되는지 등의 학습활동에 대한 정보를 자동적으로 분석하여 아이들의 학습 동기나 학습수준을 파악할 수 있고, 로그인할 때 그날의 감정을 묻거나 얼굴 인식을 통해 지금 상태의 감정을 파악하여 적절한 음악과 학습 테마 색의 변화를 통해 감정 돌봄까지 할 수 있게 된다. 또한 인공지능과 연결된다면 디지털 교과서가 아이들이 이미 알고 있는 것과 모르는 것, 그리고 취약한 부분을 파악하여 아이들에게 필요한 학습 내용을 다양한 학습 방법 형태로 제공해 줌으로써 일부 선생님의 역할을 대신해 줄 수 있을 것이다. 이에 따라 선생님은 가르치는 시간보다 아이들의 학습 경력을 관리하고 개인화된 교육과정을 구축할 수 있도록 도움을 주는 학습컨설턴트의 역할을 하게 될 것이다.

셋째, 평가 방법도 달라질 것이다. 앞에서 이야기한 디지털 교과서에서의 학습 분석학 도입은 지금까지의 지필평가와 같은 공식화된 평가와는 달리 학습자들의 모든 학습활동을 그대로 기록하고 분석하는 숨은 평가(stealth evaluation)를 통해 개개 학습자들의 학습 이력을 모두 기록하고 분석하여 개개 학습자의 인지적 능력과 감성적 특성에 맞는 개인화된 수업을 가능하게 할 것이다. 또한 이들 자료들의 축적은 빅 데이터 분석과 연결되어 각종 정책의 수립과 학교 운영에 필요한 구체적인 정보를 제공해 줄 수 있을 것이다. 따라서 지금 교육부나 교육청의 의사 결정 방식에도 변화를 초래할 것이다.

넷째, 전체 교육 체제에도 변화가 올 수 있다. 비트코인과 같은 블록체인 기술은 교육에도 적용이 되어 에듀블록(EduBlock)이나 디지털 배지(digital badges)와 같은 교육 경험에 대한 분산 기록을 통해 개인 역량의 기록과 활용이 이루어지게 될 것이다. 에듀블록이나 디지털 배지는 아이들이 의미 있게 경험한 모든 학습활동들을 증명해 주는 증명서와 같은 것들이다. 예를 들어, 에듀블록은 아이들이 1시간 단위의 학습 경험을 하게 되면 1개의 에듀블록을 제공하고 이를 블록체인처럼 분산 기록하게 된다. 기존에 학교 교육을 받으면 학교에 있는 생활기록부와 같은 한 곳에만 기록이 남고 그 기록에 쉽게 접근하지 못하게 된다. 하지만 분산 기록은 다양한 형태의 기록장에 분산 기록되기 때문에 쉽게 조작될 수 없고 그 기록을 누구나 볼 수 있는 장점을 가지고 있다. 에듀블록이나 디지털 배지는 기업체나 소방서, 경찰서, 박물관, 갤러리 등 지역사회에서 학습 경험이 가능한 모든 검증된 기관에서 제공해 줄 수 있게 함으로써 학교 교육과 같은 공식적 교육 체제에서 벗어나 지역사회의 다양한 자원을 통해 학습하는 비공식적 교육 체제가 서로 보완하는 교차학습(crossover learning)이 활성화될 것이다. 따라서 학교나 기업체의 선발 과정에서 아이들이 어떤 대학이나 학교를 나왔는가가 중요한 것이 아니라, 어떤 학습 경험을 했고 어떤 에듀블록이나 디지털 배지를 획득하였는지에 기초하여 역량이 평가되는 시대가 될 것이다.

이러한 수업의 변화는 수업 이론과 개념을 바꾸어 놓을 수 있다. 예를 들어, 연결주의(connectivism)[13]는 새로운 학습 이론을 제시하고 있다. 기존의 인지 이론은 인간의 뇌에 스키마와 같은 외부 세상에 대한 표상을 획득해야 학습이 이루어졌다고 본다. 하지만 연결주의는 인간이 평생 살면서 사용해야 할 정보들이 너무 많기 때문에, 이들을 모두 인간의 뇌에 저장하는 것은 한계가 있다고 주장하고 있다. 따라서 어떤 정보나 인력에 네트워킹이 형성되었는지가 곧 학습을 의미한다고 보고 있다. 이런 네트워킹이 이루어져 있다면 언제든 이들 정보를 활용한 문제 해결이 가능하기 때문에, 이를 학습이 이루어졌다고 본다는 것이다. 이 외에도 학교 모습의 변화와 교육과정의 변화, 교실 환경의 변화 등 다양한 변화가 교육현장에서 필요로 할 것이다.

인류는 그 어떤 시대보다 급격한 테크놀로지의 변화와 사회 변혁을 겪고 있다. 기업체의 경우, 세계 5대 기업에 속했던 공장 중심의 Shell(석유 회사)이나 GM(자동차 회사) 등은 도태하고 있고 Google이나 Facebook과 같은 아이디어 하나로 단시간에 글로벌 회사로 성장하는 회사가 만들어지고 있을 정도로 목숨을 건 변화의 전쟁을 하고 있다. 학교 교육은 어떠한가? 현재 우리나라 학교 교육은 어떤 준비를 하고 있는가? 학교에서 가르치고 있는 교육과정에 어떤 변화가 준비되고 있는가? 학교에서는 어떤 수

13) Siemens, G. (2005). Connectivism: A Learning Theory for the Digital Age, International *Journal of Instructional Technology and Distance Learning, Vol. 2*, No. 1.

업 방법의 변화가 이루어지고 있는가? 우리 아이들을 변화하는 새로운 사회에 적응할 수 있는 인재로 길러 낼 수 있도록 학교와 수업은 변화하고 있는가? 이러한 변화의 과정에서 우리는 무엇을 어떻게 준비해야 하는지 고민을 시작해야 할 때이다.

2부

그래서 아이들은?

인지적 · 비인지적 능력의 심각한 불균형

가끔 수업컨설턴트 자격 연수를 받고 현장에서 수업컨설턴트로 활약을 하시다가 자신들의 수업컨설팅 활동에 대한 조언을 구하시는 분들이 있다. 이런 상황을 '메타수업컨설팅'이라고 부른다. 메타수업컨설팅은 컨설팅에 대한 컨설팅으로, 모든 컨설턴트가 수업의 모든 영역에 대해 전문가일 수는 없어서 가끔 다른 전문가들에게 자신의 컨설팅 활동에 대해 자문받는 것을 의미한다.

하루는 초등학교 수석 선생님이 메타수업컨설팅을 요청하셨다. 메타수업컨설팅을 요청한 주제는 수업 경영 분야였다. 수업을 방해하는 아이들이 있어서 초등학교 5학년을 담당하고 있는 한 교사가 이런 아이들을 수업에서 어떻게 관리해야 하는가에 대한 도움을 요청했다고 한다. 수석 선생님의 말씀에 따르면, 수업 분위기는 산만했고 아이들 간에 갈등과 감정싸움이 잦았다고 한다. 예를 들어, 수업 중 한 아이가 "선생님, ○○가 자꾸 저를 괴

롭혀요."라고 말을 했고, 다른 아이는 "아니에요. ○○가 먼저 시작했어요."라고 말하면서 서로 비난의 말과 욕이 오가는 것이 관찰되었다. 또 다른 경우로 수업 자료 사진에 돼지 사진이 나왔는데 한 아이가 "○○와 닮았다!"라고 소리를 치자 놀림의 대상이 된 아이가 소리를 지르고 울기 시작했다고 한다. 이런 상황들이 반복되고 있었고, 선생님은 수업보다 아이들을 진정시키고 관리하는 데 많은 시간을 소비하고 있었다. 수업이 끝나고 수석 선생님은 그 선생님과 면담을 하였고, 그 선생님은 요즘 아이들은 왜 이렇게 모두 자기중심적이고 충동적인지 모르겠다며 아이들이 쉽게 화를 내고, 어른을 두려워하지 않으며, 선생님이나 친구들에게 함부로 말하고 행동한다고 하시면서, 어떻게 하면 이런 아이들을 말썽 부리지 않고 수업에 잘 참여하도록 할 수 있는지 도움을 요청했다고 한다.

수업컨설팅을 가 보면 여전히 착하고 순박한 아이들이 많이 있지만, 많은 선생님들이 충동적이고 아무 생각 없이 함부로 행동하는 아이들이 증가하고 있다고 말씀을 하신다. 왜 이런 아이들이 증가하고 있을까? 학교 교육에 문제가 있는 것일까? 우리 사회가 가지고 있는 문제 때문일까? 아니면 학교 교육과 사회 문제가 함께 이런 아이들의 수를 증가시키고 있는 것일까?

사회 현상을 잠시 들여다보자. 최근 들어 한 아이 가정이 많아지면서, 형제자매들과의 관계 속에서 자연스럽게 타인의 생각과 감정을 읽고 양보하며 배려하는 훈련이나 타인과 잘 협력할 수 있는 사회적 능력을 키워 갈 수 있는 기회를 박탈당하고 있다. 특히 어렸을 때부터 학원에 가거나 핸드폰이나 온라인 게임에 빠져, 다른 사람을 만나기보다는 혼자서 생활하는 시간이 늘고 있다. 놀이터나 동네 골목에서 또래나 형, 누나와 놀면서 자연스럽게 사회성을 기르던 사회적 환경은 사라지고 있다. 학교는 어떠한가? 학교는 존중과 협력을 강조하면서도 내신 등급 때문에 항상 아이들을 무한 경쟁의 환경으로 내몰면서 협력보다는 경쟁에 최우선의 가치를 두고 있다. 아이들은 다른 아이들을 배려와 존중의 대상이 아닌 경쟁의 대상으로 인식하고 있다. 학교 교육이 사회적 문제를 해결해 줄 대안이나 새로운 교육을 제공하기보다 오히려 더 심각한 문제 상황을 만들기도 한다.

학교 현장에 수업컨설팅을 가 보면 인지적 영역과 비인지적 영역 간 심각한 불균형 속에서 수업이 이루어지고 있는 것을 알 수 있다. 학교 현장에서는 인성교육을 통한 전인교육을 실시해야 한다고 주장하고 있지만, 실제 전인교육이 제대로 실천되는 곳은 찾아보기 쉽지 않다. 가정환경이나 학교 교육 모두 비인지적 능력이나 인성교육을 통한 전인교육을 받을 기회가 부족한 상황에서 불균형적 교육을 받은 아이들이 미래 우리 사회에 어떤 영향을 미칠지 걱정이 앞선다. 수업컨설팅을 가서 수업을 관찰하다 보면 아이들이 자신의 감정을 학급에서 합리적으로 표현하는 방법을 몰라 친구들이나 선생님에게 폭력적인 언어와 행동으로 표현하는 것을 많이 볼 수 있다. 심지어 초등학교 아이들이 선생님을 대하는 태도나 언어에서 놀라움을 금치 못하는 경우도 많다. 많은 경우 이런 문제가 생기면 교권의 저하와 학교나 학급 규정 차원에서 접근을 하는데, 이들 문제는 교권이나 규정 문제 이전에 아이들의 인성이나 사회정서능력 차원에서 개선하려는 노력이 필요하다.

인지적 능력과 비인지적 능력은 실제 삶에서는 구분할 수 없는 영역이다. 비인지적 능력이란 사고, 추론, 기억과 같은 의식적인 인지적 활동과는 대비되는 것으로 태도, 인성, 동기, 사회정서 관리 능력, 자기관리 능력, 창의성, 회복 탄력성과 같은 정의적이고 감성적 영역을 포함한 능력들을 의미한다. 전 세계적으로 최근 들어서는 인지적 영역보다도 비인지적 영역에 대한 관심이 높아지고 있고 OECD[1]나 UNESCO[2] 등에서 인지적 영역과 비인지적 영역의 균형 있는 교육을 위해 지금까지 등한시되었던 비인지적 영역에 대한 교육을 강조하고 있다.

대표적인 비인지적 영역에 속하는 정서(emotion)는 인지적 정보처리 과정, 사고의 질, 동기, 자기조절 능력, 메타인지, 학업 성취, 문제 해결 능력, 창의력, 다양한 수행력에 영향을 미친다. 아

1) Kautz, Heckman, Diris, ter Weel, & Borghans(2015). *Fostering and Measuring Skills: Improving Cognitive and Non-Cognitive Skills to Promote Lifetime Success*. OECD report 2015.

2) UNESCO(2016). *Paper commissioned for the Global Education Monitoring Report 2016*, Education for people and planet: Creating sustainable futures for all.

무리 머리가 좋아도 부정적 감정을 가지고 있으면 집중력이 저하되고 인지적 처리 능력도 저하되어 학업 성취에 부정적 영향을 미칠 수 있다. 반면, 긍정적 감정은 사고를 유연하고 풍부하게 함으로써 성공적 행동을 위한 긍정적 영향을 준다고 한다. 이런 관점에서 OECD(2015)는 인성교육의 한 방법으로 자신의 감정을 통제할 수 있는 능력인 사회정서능력을 아이들에게 교육할 것을 전 세계에 권장하고 있다.[3]

사회정서능력은 다음과 같은 다섯 가지 능력을 의미한다.[4] 첫

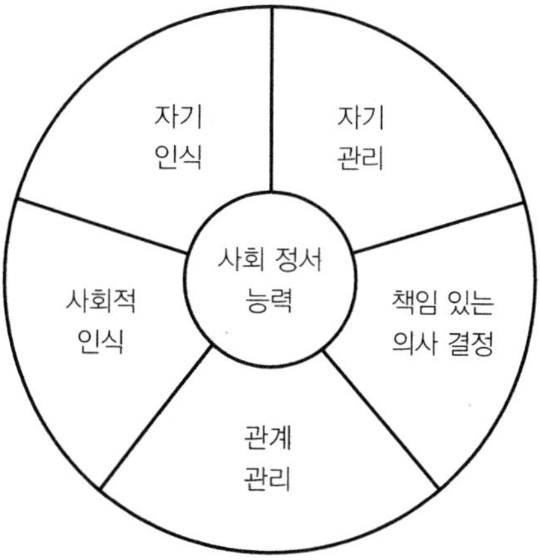

[그림 2-1] 사회정서능력 하위 요인들

3) OECD (2015). *Skills for Social Progress: The Power of Social and Emotional Skills*, OECD Skills Studies, OECD Publishing, Paris.

4) Zins, J., Weissberg, R., Wang, M., Walberg, H. J.(2004). *Building Academic Success on Social-Emotional Learning: What Does the Research Say?* New York: Teacher's College Press.

째, 자기인식 능력으로 자신의 감정, 사고 그리고 가치를 정확히 인식하고, 이들이 자신의 행동에 어떤 영향을 미치는지 인지할 수 있으며, 긍정적 사고와 높은 자기효능감을 가질 수 있는 능력을 의미한다. 둘째, 자기관리 능력으로 다양한 환경에서 자신의 정서, 생각 그리고 행동을 조절하고, 충동을 조절하며, 자신을 동기화할 수 있는 능력을 의미한다. 셋째, 사회적 인식 능력으로 타인의 다양한 관점을 수용하고, 공감할 수 있으며, 타인을 건강하게 존중할 수 있는 능력을 의미한다. 넷째, 관계 관리 능력으로 다양한 개인이나 집단과 명확히 소통하고 경청하는 태도를 통해 건강한 관계를 유지할 수 있는 능력을 의미한다. 다섯째, 책임있는 의사 결정 능력으로 윤리적 기준과 사회적 규정에 따라 건설적인 선택을 할 수 있고, 자신과 타인의 복지에 기여할 수 있는 능력을 의미한다. 사회정서능력이 높으면 타인의 고통이 바로 자신의 고통으로 느껴지는 공감 능력을 포함하고 있어서 타인을 괴롭히거나 고통을 주는 행동을 할 수 없고, 오히려 그런 아이들이 있으면 도움을 주는 돌봄의 행동을 하게 한다. 따라서 앞에서 이야기한 다른 아이를 놀리거나 비난하는 일 또는 자신의 감정을 조절하기 못해 수업 중 충동적인 행동을 하는 수업 문제가 자동적으로 해결될 수 있다.

종종 우리나라 아이들의 주관적 행복 지수가 OECD에서 최하위 수준에 있다는 뉴스를 듣게 된다. 학교 현장에서는 우울증을 앓는 아이들과 과잉행동장애를 보이는 아이들이 많아지고 있다.

억압된 감정과 시간과의 싸움을 하며 공부를 하도록 몰아붙이는 무한경쟁의 환경에서, 아이들에게 아무 도움도 주지 않으면서 정신적으로 건강하기를 바라거나 수업에서 남을 배려하고 존중하는 행동을 하도록 바라는 것은 우리 교육 시스템과 어른들의 직무 유기라고 할 수 있다.

선진국들의 사례를 보면, 사회정서능력 교육을 다양한 방법으로 학교 현장에서 실천하고 있다. 독립된 특별 프로그램으로 가르치기도 하고, 교과와 통합하여 가르치거나 생활 교육 방식으로 가르치기도 한다. 예를 들어, 초등학교에서 아이들 생활 교육의 일환으로 주 3회 정도 감정 일기를 쓰는 작업을 통해 평소 삶에서 자신의 감정을 인지하고, 인지된 감정이 행동에 어떤 영향을 미치는지를 알며, 성찰하는 과정에서 스스로를 돌보는 작업을 할 수 있도록 도움을 주기도 한다. 또한 교과통합교육 방식으로, 국어 시간에 문학작품을 읽으면서 주제 파악이나 사실들의 추론만 배우는 것이 아니라, 등장하는 인물들의 감정 흐름을 파악하고 아이들끼리 공유하는 작업을 통해 타인의 감정을 인지하는 능력과 함께 공유 과정에서 공감 능력을 길러 주는 것처럼 각 교과별로 수업 중 자연스럽게 사회정서능력을 길러 주는 활동을 통합하여 실시하고 있다. 우리나라 중학교의 경우 자유학기제가 운영되고 있는데, 이런 시기에 독립된 프로그램으로 아이들에게 교육을 실시할 수도 있고, 방과 후 프로그램 형태로도 운영이 가능할 것이다. 가장 중요한 것은 선생님들이 아이들이 갈등이나 다틈이 있는 그 순간, 즉 교육 가능 순간(teachable moment)에 교육이 이루어지는 것이 중요하다. 사회정서능력은 특정 사건이 있을 때 그 사건의 맥락 속에서 교육이 이루어지면 가장 효과가 있기 때문이다. 앞에서 제시했던 수업을 방해하는 아이들의 행동이 있을 때, 그때 어떻게 교육이 이루어지는가에 따라 아이들에게 공감과 같은 사회정서능력을 길러 줄 수 있는 좋은 기회가 된다. 예를 들어, 한 아이가 수업 중 보여 준 돼지 사진을 보고 "선생님 ○○와 닮았어요!"라고 다른 아이를 놀리고 놀림을 당한 아이가 울게 되면, 선생님은 놀린 아이를 훈육하기보다 먼저 잠시 학급 아이들에게 자신이 그런 놀림을 당했다면 어떤 기분이 들 것 같은지 이야기해 보게 함으로써 놀림당한 아이의 감정을 읽는 공감 활동을 실시할 필요가 있다. 아이들은 일방적인 훈육을 그냥 잔소리로 듣게 된다. 먼저 마음으로 놀림당한 아이의 감정을 읽는 활동이 필요하고, 그 뒤 그러면 어떤 행동을 해서는 안 되고 해야 되는지에 대한 자신들의 생각을 나누는 시간이 가장 좋은 훈육의 시간이 될 수 있다. 교사는 아이들에게 사회정서능력을 길러 주기 위한 가장 좋은 모델이 될 수 있다. 예를 들어, 아이들이 수업을 방해하는 활동을 한 후 교사는 '나의 메시지(I message)' 전략을 쓸 수 있다. 즉, "너희들이 이렇게 소리 지르고 서로 싸우는 모습을 보면 선생님의 마음은 아파. 울고 싶어져."라고 솔직히 자신의 감정을 아이들에게 이야기하고, 또 유사한 일이 생기면 아이들에게 싸우면서 드는 감정과 이를 지켜보는 다른 아이들, 그리고 선생님의 마음을 읽게 하는 활동을 반복적으로 하게 한다. 이렇게 되면 공감 능력이 생기게 되고, 공감 능력이 길러지면 다른 사람의 마음을 아프게 하는 행동은 줄어들게 된다. 그냥 훈육만 하는 선생님과 아이들에게 공감 능력을 길러 주는 선생님의 수업은 온도가 다르게 된다. 아이들의 사회정서능력을 길러 주기 위해 학교와 교사가 책임 있는 노력을 해야 한다.

학습자 중심, 활동 중심, 배움 중심 수업

선생님 한 분이 나를 찾아와 하시는 말씀이 학교 현장에는 너무나 많은 구호들이 있다고 한다. '학습자 중심 수업' '배움 중심 수업' '활동 중심 수업' '질문이 살아 있는 교실' '행복 수업' 등 시도교육청마다 다양한 구호로 다양한 정책들이 실천되고 있다. 하지만 정작 구호는 바뀌고 있지만 현장 수업의 본질은 바뀌지 않는 경우가 많다고 한다. 그리고 그 선생님이 하신 질문은 학습자 중심 수업이란 말이 학교 현장에서는 너무나 많이 사용되는데, 과연 학습자 중심 수업은 무엇이며 어떻게 해야 하는지 궁금하다고 하셨다.

최근 수업 흐름의 변화 중 하나가 선생님 중심 혹은 가르침 중심 수업에서 학습자 중심 수업으로 바뀌는 것이다. 하지만 어떤 것이 과연 학습자 중심 수업이라고 말할 수 있는가에 대해서는 의문이 든다. 학교 현장에 수업컨설팅을 가 보면, 학습자 중심 수업을 강조하면서 선생님이 중심이 된 수업보다 아이들이 중심이 된 활동 중심의 수업을 많이 볼 수 있다. 초등학교는 대부분의 수업이 활동 중심 수업으로 바뀌었고, 중학교에서는 일부 수업이 활동 중심 수업으로 바뀌고 있다. 물론 고등학교는 여전히 입시라는 이유로 선생님 중심의 강의식 수업이 주를 이루고 있다. 학습자들이 중심이 된 활동 중심의 수업을 하면 학습자 중심의 수업이라고 할 수 있는가? 학습자 중심 수업의 본질적 의미는 무엇인가에 대한 성찰을 하지 않으면 활동만 있고 배움은 없는 왜곡된 수업을 할 수 있다.

몇 가지 실제 수업 사례를 중심으로 생각해 보자. 한 초등학교 수업 사례이다. 아이들이 전 시간에 이미 굿거리장단과 휘모리장단 등 몇 가지 장단을 배운 후, 이번 차시에서는 그 장단에 맞추어 노래를 부를 수 있는 능력을 길러 주는 것이 수업의 목표였다. 마지막 수업 활동은 12분 정도의 시간 동안 이루어졌고, 구체적인 활동으로 각 모둠이 나와 한쪽 벽을 보고 서면 선생님이 맨 뒤 아이에게 어떤 장단을 보여 주고 앞 아이의 등에 그 장단을 전달하여 맨 앞 아이가 그 장단이 무슨 장단인지 맞추는 게임식 활동이 실시됐다. 수업 후 협의회에서는 아이들이 장단을 가지고 놀고 몸으로 장단을 느껴 보는 좋은 학습자 중심의 수업이었다는 평이 많았다. 물론 아이들도 재미있게 수업에 참여하였다. 하지만 선생님의 의도는 아이들이 장단에 맞추어 노래를 부를 수 있기를 바라는 것이었고, 실제 아이들이 12분 동안 장단에 맞추어 노래를 불러 보는 시간(Time on Task: TOT)은 단 1초도 되지 않았다. 장단을 맞추어 쳐 보는 시간도 계산해 보면 12분 동안 교실 앞에 나와 한 번 쳐 보는 모둠 활동이 모두이다. 만일 뒤에 있는 아이가 잘못 전달한다면 그 기회마저도 없어질 수 있다. 어른들도 탬버린 같은 악기로 박자에 맞추어 흔들며 노래를 부르는 것이 어려운 과제이다. 12분 동안 반복해서 장단과 함께 노래를 불러 보는 활동을 해도 선생님이 의도한 수업 목표를 달성하는 데 부족할 수 있는데, 이 시간 동안 아이들은 앉아서 다른 팀의 게임을 지켜보았고 또 잠시 나가서 노래는 부르지 않고 장단을 전달하는 활동만 하였다.

한 중학교 국어 수업 사례를 살펴보자. 아이들은 그 전 시간에 통일성과 응집성이라는 글을 쓰기 위한 원칙을 배웠고, 이번 차시의 목표는 통일성과 응집성에 맞게 실제 글을 쓸 수 있는 능력을 길러 주는 것이었다. 마지막 수업 활동은 릴레이 글짓기 활동을 하였다. 한 분단의 제일 앞에 있는 아이들에게 '식당에서' '도서관에서'와 같은 단서의 글을 주면 아이들이 통일성과 응집성에 맞게 한 줄씩 글을 써서 뒤에 있는 아이들에게 전달을 하고, 뒤쪽 아이도 한 줄을 쓰고 뒤로 넘겨서 제일 뒤에 있는 아이가 나와 전체 분단의 글을 발표하는 것이었다. 이 활동은 약 11분 정도의 시간이 사용되었다. 이 수업 역시 수업 후 협의회에서 통일성과 응집성을 가지고 글을 써 보는 게임식 활동 수업이라 매우 훌륭한 학습자 중심의 수업이라는 평이 많았다. 이 수업에 대해 이런 질문을 해 보자. 개개 아이들이 이 활동을 하면서 11분 동안 진지하고 깊이 있게 통일성과 응집성에 맞게 글을 써 보는 시간은 얼마나 되었을까? 그리고 자신이 한 줄 글을 쓸 때 얼마의 시간을 할애하고, 그 시간 동안 얼마나 진지하고 깊게 통일성과 응집성을 고려한 글쓰기를 했을까? 제일 앞에 있는 아이는? 또는 중간에 앉아 있는 아이들은? 아이들 중에는 도서관에서 목욕을 했다는 우스갯소리를 쓴 아이도 있었다.

학습자 중심 수업은 학습자가 중심이 된 활동 중심 수업이 다가 아니다. 앞에서 수업의 본질이 가르침이 아닌 아이들의 배움이라고 했던 것을 기억할 것이다. 가르침의 목적은 아이들의 배움이고, 따라서 학습자 중심의 수업은 단순한 활동 중심의 수업이 아니라 아이들이 배움의 주체가 되어 원하는 배움이 일어나는 것을 전제로 하고 있다. 아이들이 중심이 되어 활동 중심 수업이 있었지만, 선생님이 의도한 배움이 일어나지 않았다면 학습자 중심 수업이라고 할 수 없다.

그렇다면 어떻게 학습자 중심 수업을 할 수 있는가?

많은 경우에 수업 목표가 주어지면 선생님들은 어떤 수업 활동을 할 것인가를 먼저 생각한다. 대부분의 교수학습 지도안을 보면 다음 그림과 같이 수업 활동을 먼저 적되 아주 자세하게 기술을 하지만, 정작 아이들 활동에는 '예라고 대답한다.' '어떤 활동을 한다.' 등의 간단한 기술을 한다. 물론 어떤 지도안은 수업 활동과 학생 활동란을 통합하여 기술하기도 하지만, 그럼에도 불구하고 주로 수업 활동을 중심으로 기술하고 있다. 이런 과정에서

가르침 중심 교수-학습지도안

단계	교사 활동	학생 활동	유의사항

↓

학습자 배움 중심 교수-학습지도안

단계	학생(사고) 활동	교사 활동	유의사항

[그림 2-2]

아이들, 즉 학습자 중심의 사고나 접근이 아닌 수업 활동 중심의 접근이 이루어지게 되고, 앞에서 기술한 두 가지 사례와 같이 활동은 있었지만 실질적인 배움이 없는 수업이 되기도 한다. 즉, 선생님이 아이들에게 길러 주길 의도했던 능력을 학습자들이 경험해 볼 수 있는 기회가 없을 수도 있다.

이런 문제를 해결하고 진정한 '학습자 중심' 또는 '학습자 배움 중심' 수업이 되기 위해서는, 먼저 수업을 통해 아이들에게 길러 주길 바라는 능력(수업 목표)을 얻기 위해서 아이들이 어떤 사고 활동을 어떤 흐름으로 해야 하고 어떤 사고 활동에서는 얼마나 충분한 시간을 필요로 하는지를 분석한 다음에, 이러한 아이들의 사고 과정을 촉진하기 위하여 어떤 수업 자극, 즉 수업 활동이 이루어져야 하는지 설계해야 한다. 따라서 학습자의 사고 활동에 초점을 둔 아이 활동이 먼저 자세히 기술되고([그림 2-2] 참조), 이후 아이들의 이런 사고를 촉진하기 위해 선생님은 어떤 수업 활동을 제공해야 하는지를 기술하는 교수–학습 지도안이 사용되어야 한다. 하나의 예를 들어보자. 최근 들어 많은 수업들이 모둠 활동을 많이 활용한다. 초등학교 '즐거운 소프트웨어'라는 단원의 2차시 실과 수업에서 학생들에게 절차적 사고를 통한 문제 해결 능력을 길러 주기 위한 수업 사례이다. 학생들에게 단순화된 서울 지하철역 지도를 주고 특정 역에서 원하는 숙소가 있는 역을 찾아가는 절차를 찾는 활동을 하였다. 가르침 중심의 교수–학습 지도안을 만든 선생님은 모둠을 만들고 바로 서로 의논하여 원하는 숙소에 도달하기 위한 절차를 찾도록 했다. 이렇게 바로 모둠 활동으로 들어가면 모둠 활동을 주도하는 아이들이 필요한 절차를 빨리 찾아 배움을 주도해 버리고, 좀 더 생각할 시간이 필요로 했던 아이들은 자신 스스로 생각해서 절차를 찾는 학습 기회를 박탈당하게 된다. 학습자의 배움 중심 교수–학습 지도안을 만들게 되면 먼저 개개 아이들이 자신만의 방법으로 원하는 숙소에 도달하는 절차를 찾고, 다른 아이들과 자신이 찾은 방법이 맞는지 비교하여 자신의 사고 오류를 발견하고 수정할 기회를 주도록 할 필요가 있음을 분석하게 된다. 따라서 수업 활동은 개별 활동 후 모둠 활동으로 연결되어야 함을 알게 된다. 따라서 배움 중심 교수–학습 지도안 설계는 교수–학습 지도안만 보아도 아이들이 어떤 사고의 경험을 할 것인지를 알 수 있어서 수업이 얼마나 효과적이고 효율적인지를 판단할 수 있다. 하지만 가르침 중심 교수–학습 지도안은 지도안만 보고서는 실제 수업에서 아이들이 필요한 모든 사고 활동을 경험했는지 분석하기 어렵고, 실제 수업을 관찰해야 판단이 가능해진다.

수업컨설팅에서 진정한 학습자 중심의 수업이 있었는지를 분석하기 위해서는 '생각 읽기' 분석 도구를 사용하게 된다. 수업을 관찰할 때 선생님의 수업 기술이나 전략을 관찰하는 것이 아니라, 수업에서 아이들이 어떤 사고를 통해 어떤 배움이 이루어지고 있는지를 분석하는 것이다. 〈표 2-1〉은 아이 생각 읽기 분석 도구를 보여 준다. 즉, 학습자의 배움 중심 수업이 이루어지는가를 분석하기 위해서는 각 수업 활동(생각 자극)에 따라 실제 아이들의 머릿속에서는 어떤 일들이 벌어지고 있는지, 즉 생각 읽기 분석이 이루어져야 한다. 따라서 선생님이 의도했던 수업 활동에서 실제 의도한 사고나 경험이 이루어지고 있는지, 그리고 어떤 아이들에게는 그런 의미 있는 배움이 일어나고 어떤 아이들에게는 그렇지 않은지, 그 이유는 무엇인지 등을 분석하게 된다. 그리고 또 중요한 분석 중 하나는, 각 시간을 기록하여 충분한 생각과 경험의 시간이 주어졌는지도 분석이 이루어진다. 분석을 해보면 선생님의 관점에서 의도했던 것들이 실제 수업에서는 일어나지 않는 경우가 생각보다 많다.

앞에서 제시했던 국어 수업을 생각 읽기 분석으로 분석한 사례를 살펴보자. 생각 자극은 아이들이 릴레이 글짓기를 통해 충분히 통일성과 응집성에 따라 글을 쓰는 것이었다. 하지만 생각 읽기를 해 보면, 일부 아이들은 통일성과 응집성에 맞는 충분한 사고를 하지 않은 채 한 줄 쓰기를 한 후 뒤에 있는 학생들에게 글을 넘기기도 하고, 다른 아이들이 글을 쓰는 동안 장난이나 딴짓을 하면서 학습 관련 사고 활동이 이루어지지 않는 것을 알 수 있다. 따라서 실제 개개 아이들이 통일성과 응집성에 맞게 글을 써 보는 사고 활동은 전체 11분 중 1분도 안 되는 경우가 많았다. 이

〈표 2-1〉

구분	생각 읽기	생각 자극	시간
도입	....	....	
전개	....	....	
	• 제시된 상황과 앞줄 아이들이 쓴 글을 읽고 통일성과 응집성에 맞게 한 줄 글쓰기 실행 • 일부 아이들은 통일성과 응집성보다 재미있는 글을 쓰는 데 초점을 두고 글을 씀(글 쓴 결과에 기초하여 추론) • 일부 아이들은 충분히 통일성과 응집성의 원리를 생각하여 글을 쓰기보다는 빠른 시간에 글을 써서 뒤로 넘기는 것이 관찰됨 • 한 아이가 글을 쓰는 동안 다른 아이들은 딴짓, 장난, 멍하게 있는 것이 관찰됨 ➔ 아이들 중 통일성과 응집성에 대한 고민 없이 글을 쓰는 아이들 관찰 ➔ 개개 학생들이 통일성과 응집성을 고민하여 글을 쓰는 시간은 1분이 채 안 됨	• 통일성과 응집성에 따라 글을 쓰는 릴레이 글짓기 활동	11′
정리	....	....	

처럼 생각 읽기 분석은 수업의 모든 과정에서 수업 목표를 달성하기 위하여 아이들에게 필요한 모든 사고의 과정이 모두 일어났는지, 그리고 그 사고의 과정이 충분한 깊이로 충분한 시간을 가지고 이루어졌는지를 분석할 수 있게 함으로써 목표로 했던 배움이 일어났는지를 분석할 수 있게 한다.

진정한 학습자 중심 수업이란 단순히 선생님 중심의 가르침 중심의 수업과 반대되는 것을 의미하는 것은 아니며, 활동 중심 수업만을 의미하지도 않는다. 중요한 것은 아이들이 수업에서 배움의 주체가 되는 것이며, 배움의 주체가 된다는 것은 선생님이 아이들 머릿속에서 일어나야 할 필요한 사고를 대신해 주는 것이 아니라, 또는 무의미한 활동만 하면서 중요한 수업 시간을 허비하는 것이 아니라, 아이들이 배움을 위해 필요한 사고를 충분하고 의미 있게 경험할 수 있는가를 의미한다. 이를 위해서 앞에서 이야기했듯이 수업을 설계하는 과정에서부터 변화가 필요하다. 어떤 수업 활동을 할 것인지 혹은 어떻게 가르칠 것인지를 먼저 생각하는 것이 아니라, 수업 목표를 달성하기 위해 아이들이 어떤 사고를, 어떤 흐름을 통해 해야 하는지를 먼저 생각하고, 이러한 아이들의 사고를 자극하기 위해 어떤 수업 활동을 어떻게 해야 하는지가 설계되어야 한다. 아이들에게 필요로 한 배움이 중심이 된 시각으로 수업 준비에서 수업 실행까지 변화해야 학습자 중심 수업이 될 수 있다.

학습 속도와 수업 속도의 차이

수업컨설팅 과정에서 가장 많이 듣는 질문 중 하나가, "아무리 설명해도 왜 아이들은 이해하지 못할까요?"이다. 아이들이 수업 내용에 대해 이해를 못 하는 이유는 여러 가지가 있을 수 있지만, 크게 두 가지로 나누어 생각해 볼 수 있다. 첫 번째는 아이들이 준비가 되지 않아서이다. 아이들이 수업에 대한 학습 동기가 낮아 집중하여 듣지 않으면 아무리 설명을 해도 이해하지 못하게 된다. 어떤 아이들은 수업에 대한, 혹은 학교에 대한 반감을 가지고 수업에 참여하지 않는 아이들도 있고, 어떤 아이들은 지속된 학습 무기력증에 의해 배움을 포기한 아이들도 있고, 어떤 아이들은 자신을 방어하기 위해 수업에 참여해도 이해를 못하기 때문에 참여하기 싫어서 안 한다고 표현하기도 한다. 두 번째 이유는 아이들에게 맞지 않는 방식, 혹은 소화하기 힘든 방식으로 수업 내용이 전달되는 경우이다. 이해하기 어려운 단어, 논리, 난이도, 예제가 사용되거나 아이들이 따라가기 힘든 속도로 수업의 속도가 진행되는 경우이다. 때로는 한 번에 먹을 수 없는 많은 양의 내용이 전달되는 경우도 문제를 일으킨다. 그런데 속도, 양, 난이도는 모두 같은 이야기가 될 수 있다. 아이들의 학습 속도에 맞지 않는 너무 빠른 속도로 수업이 진행된다면 수업의 양은 많게 느껴지고, 수업은 어렵게 느껴지기도 한다.

수업컨설팅 과정에서 아이들의 이해를 방해하는 이유로 가장 많이 발견되는 것은 아이들의 학습 속도와 수업 속도가 맞지 않는 것이다. 수업이 아이들의 이해 속도에 맞지 않게 빠르게 진행되는 경우, 아이들은 수업을 따라갈 수 없어서 어쩔 수 없이 포기하거나 관심이 없는 것처럼 행동하기도 한다. 그렇다면 왜 학습 속도와 수업 속도의 차이가 발생할까? 이유는 여러 가지가 있지만 가장 많이 발견되는 원인은 선생님의 지식 구조와 아이들의 지식 구조 간 차이로 인한 것이다. 선생님과 아이들의 지식 구조 차이를 이해하면, 왜 아이들이 그렇게 설명을 해도 이해하지 못하는지 이해할 수 있게 된다.

지식 구조에 대한 이해를 위해서는 인지심리학에서 이야기하는 인지 구조에 대한 이해가 필요하다. 인지심리학에 따르면 인간은 태어나서 세상을 경험하게 되며, 그 결과로 뇌 속에 스키마라는 표상 체제가 만들어진다고 한다. 예를 들어, 의자의 개념을 학습하면 의자와 관련된 스키마가 머릿속에 만들어지고, 자전거 타는 법을 배우면 자전거 타는 방법에 대한 스키마가 만들어진다고 한다. 즉, 우리가 살고 있는 세상에 대해 무엇인가 학습한다면 그에 상응하는 스키마가 뇌 속에 만들어진다는 것이다. 이들 스키마가 형성된다는 것은 곧 학습이 이루어졌다는 것을 의미한다. 그리고 이들 스키마들이 서로 독립되어 존재하는 것이 아니라 의미 있는 관계로 서로 연결되어 스키마타(스키마의 복수)가 만들어지고, 또 이들이 연결되어 뇌 속에 인지 구조라는 커다란 지식 체계를 만들게 된다. 결국 개개인의 뇌 속에 구축된 인지 구조가 곧 개개인이 알고 있는 세상의 전부라는 것이다. 인지 구조에 없다는 것은 아직 경험하지 못한 것으로, 결국 그 사람에게는 존재하지 않는 세상을 의미한다. 중요한 것은 인지 구조 속에 들어 있는 지식들이 서로 단절되어 있는 것이 아니라, 서로 유의미한 관계 속에서 잘 구조화되어 있는 사람들이 있고 그렇지 않은 사람들도 있을 수 있다는 점이다. 따라서 동일한 내용을 배웠지만 어떤 사람들은 새로운 지식을 기존의 인지 구조 속 관련 지식 체제에 잘 통합하여 새로운 통찰을 얻는 사람들이 있다. 옛말에 하나를 가르치면 열을 깨우치는 사람이 있다고 하는데, 이런 학습을 오수벨(Ausubel)[5]은 유의미학습(meaningful learning)이라고 한다. 반대인 경우도 있다. 새로 배운 내용을 기존의 인지 구조 속 관련 지식 체제에 통합하기보다 단절된 지식으로 받아들이면 기존의 인지 구조에 단지 하나의 새로운 지식만을 첨가하게 되

5) Ausubel, D. P. (1967). *Learning theory and classroom practice*. Ontario: The Ontario Institute for Studies in Education.

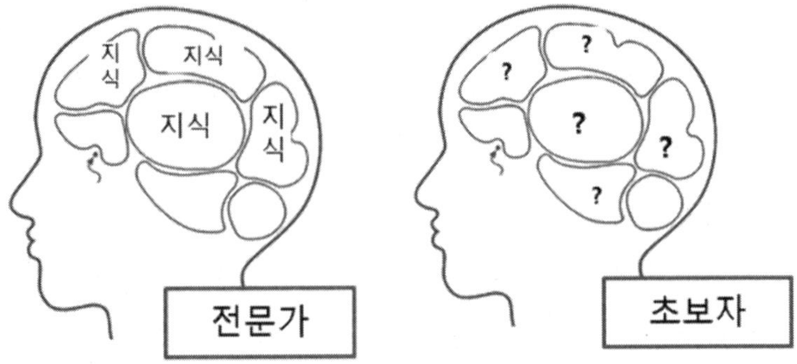

[그림2-3]

고, 이로 인해 새로운 통찰을 얻지는 못하게 된다. 이를 오수벨은 기계학습(rote learning)이라고 한다. 예를 들어, 다양한 수업 방법을 알고 있는 선생님이 거꾸로 수업에 대해 학습을 한 후 단지 기존의 다양한 수업 방법에 대한 지식 체계에 거꾸로 수업이라는 새로운 수업 방법이 첨가되기만 한다면 기계학습이 일어난 것이고, 만일 거꾸로 수업 방법이 기존의 다양한 수업 방법들과 통합되어 새로운 수업 방법이나 변화된 수업 방법을 찾아내어 실천된다면 유의미학습이 이루어진 것이다.

중요한 것은 선생님과 아이들 간 가르치고 배우는 교과목에 대한 지식 구조의 폭과 넓이가 너무나 많은 차이가 날 뿐 아니라, 따라서 유의미학습의 가능성에서도 차이가 있다는 것이다. 선생님들은 선생님이 되기 위해 자신이 가르치는 교과목에 대해 최소한 4년 이상 교육을 받았으며, 이로 인해 자신의 전공과 관련된 유의미한 인지 구조를 가지고 있다. 대학을 졸업했다면 아마 여러분 모두 대학 다닐 때 각 전공에 따라 그 과만의 사고방식과 특색이 있다는 것을 경험해 본 적이 있을 것이다. 4년 동안 전공과목에 대한 지식을 배우면서 그 전공과 관련된 가치 체제나 그 학문적 논리 체제의 습득으로 인해 사고방식도 변화하게 된다는 것을 경험했을 것이다. 그리고 더 중요한 것은 선생님으로서 가르치는 경험이 쌓일수록 가르치는 교과목에 대한 지식 구조는 더 깊고 더 폭 넓게 구축되어 감으로써, 작은 한 가지를 배우더라도 유의미학습으로 인해 지식 구조는 더 정교화된다.

하지만 아이들을 생각해 보자. 아이들은 그 교과목의 특정 내용에 대해 처음 접하는 경우도 있고, 이미 어느 정도 학습했다고 해도 관련 기초 지식들이 의미 있는 지식 구조로 잘 구조화되어 있지 않을 수도 있다. 그래서 특정 개념이나 원리를 학습할 때 그 개념이나 원리를 이해하기 위한 관련 기초 지식들이 부족하거나 구멍이 뚫려 있을 수 있다. 따라서 그 개념이나 원리를 아예 이해하지 못하거나 이해하는 데 많은 시간이 필요할 수도 있고, 이해를 해도 유의미학습이 아닌 단순한 기계학습이 이루어질 수 있다. 가끔 선생님들은 이것을 가르쳤으니 당연히 관련 있는 이것을 이해할 것이라고 생각하지만, 그것은 선생님의 지식 구조를 갖추고 있어야 가능하고 아이들에게는 불가능한 경우들이 많다. 수업컨설팅 후 아이들과 면담을 하는 과정에서, 선생님이 조금만 더 천천히 설명하시고 생각할 수 있는 시간을 주셨으면 좋겠다고 반응하는 아이들이 종종 있다. 예를 들어, 국어 선생님이 문장의 종류에 대해 설명하시면서 '접속사'라는 단어를 사용한다면 선생님의 머릿속에는 순간적으로 접속사와 관련된 개념이나 법칙 그리고 다양한 사례들이 자동적으로 떠오르지만, 아이들은 접속사의 개념을 떠올리는 것도 시간이 걸리고 접속사를 사용한 문장의 종류를 이해하는 데 많은 인지적 부하를 필요로 하게 된다. 선생님이 평소의 속도로 천천히 설명을 한다고 해도 아이들의 머릿속에서는 관련된 개념이나 지식을 떠올리고, 이들을 연결시키기 위해 '선생님 잠시만요, 조금만 더 시간을 주세요!'라고 반복해서 요구를 하고 있을지 모른다.

몇 가지 사례들을 살펴보면 이해가 더 쉬울 것이다. 중학교 과학 수업 시간의 사례이다. 선생님이 소화기관, 순환기관, 호흡기관, 배설기관 등에 대한 수업을 다 한 후 이들을 종합하는 수업에서 수업 목표를 '물질 교환은 소화, 순환 호흡, 배설이 연계되어 있음을 설명할 수 있다'로 설정하고, 음식을 먹으면 음식이 어떻게 소화되어 흡수가 되고 호흡을 통한 산소가 어떤 영향을 미쳐 에너지가 온몸에 전달되는지를 아이들이 쉽게 이해할 수 있을 거라 생각을 했었다. 선생님의 경우, 이런 내용을 수없이 가르쳐왔고 소화, 순환, 호흡, 배설 각각의 개념들에 대해 명확한 이해를 하고 있어서 이런 개념들이 통합되어 물질 교환의 개념을 쉽게 이해할 수 있고 심지어 자동화되어 있을 수 있다. 하지만 아이들은 이들 각각의 개념을 정확히 이해하지 못한 경우도 있고, 이해했다고 해도 이들을 통합하여 물질 교환의 개념을 이해하는 것은 또 하나의 매우 고차원적 사고와 노력을 필요로 하기 때문에 충분한 시간도 필요로 할 수 있다. 특히 한 번의 사례만 가지고는 이러한 물질 교환을 정확히 이해하기 힘들고, 여러 사례를 통한 반복적인 활동만이 이런 이해를 도울 수 있다.

아이들의 나이가 어릴수록 선생님과 아이들의 지식 구조와 유의미학습의 가능성 간 차이는 더 심해진다. 한 초등학교 수업에서 '자진모리장단을 치면서 장단에 맞추어 노래를 부를 수 있다'라는 수업 목표로 수업을 한 적이 있다. 그런데 수업에서 선생님은 아이들이 쉽게 목표를 달성할 수 있을 거라 생각하고 수업 후반부에 가사를 바꾸어 노래 부르는 활동을 시켰다. 내 경험에 비추어 보면 노래방에 가서 다른 사람들의 노래에 장단을 맞추어 탬버린을 흔드는 것이 정말 어려운 일이다. 초등 아이들은 신체 발달이 완전히 이루어지지 않은 상황이라 뇌와 손발의 협업이 쉽지 않다. 그런데 아이들은 모둠 활동을 하면서 부가적 활동이었던 가사를 바꾸는 데 시간을 많이 소모하고, 정작 자진모리장단에 맞추어 새로운 가사로 노래를 부르는 연습을 많이 하지 못해 실제 많은 모둠이 발표에서 실수를 하는 것을 볼 수 있었다. 이 수업의 경우는 한 시간 수업 시간에 비해 수업 활동이 아이들에게 너무 많은 사례에 해당한다. 아이들은 선생님이 생각했던 것보다 더 많은 시간을 필요로 하는 경우가 많다. 특히 활동을 하다 보면 수업이 계속 지연되어 마지막 수업 활동에서는 정작 시간이 부족한 경우를 많이 관찰했었다.

지식 구조의 차이가 이해 속도의 차이를 가져오고, 따라서 학습 속도와 수업 속도의 차이를 만들게 된다. 수업 관찰을 하다 보면 어떤 선생님들은 아이들과 속도를 맞추어 함께 호흡하며 동행하는 수업을 볼 수 있고, 어떤 수업에서는 선생님은 훨씬 앞서서 달리고 있고, 어떤 아이들은 숨 막히게 따라가고 있고, 어떤 아이들은 아예 뒤처져 포기하는 아이들도 관찰할 수 있다. 때로 어떤 아이들은 선생님이 너무 빨리 앞서 가서 보이지 않기 때문에 주변 아이들을 힐끔거리며 그들을 따라가는 수업을 관찰하는 경우도 있다. 아이들과 동행하는 수업을 위해서 선생님은 자신의 지식 구조에 따른 수업의 속도와 설명을 하기보다는, 아이들의 지식 구조에 맞는 학습 속도를 파악하고 그에 맞게 수업 속도를 조절할 수 있어야 한다.

휴식이 필요한 아이들, 휴식이 필요한 뇌

역사 선생님 한 분이 수업컨설팅을 요청하신 적이 있다. 그 선생님이 요청하신 수업컨설팅 과제는 수업에 대한 학생들의 높은 집중도를 유지하는 것이었다. 그 선생님은 왜 아이들이 수업 중 쉽게 집중도가 떨어지는지에 대해 고민을 해 오셨다고 한다. 수업컨설팅 과정에서 이 선생님 외에도 많은 선생님들이 수업 중 학생들의 집중도를 유지하기 위한 방법에 대해 고민하고 있는 것을 알 수 있었다. 아이들의 집중도가 떨어지는 이유는 여러 가지가 있다. 어려운 수업 내용, 재미없는 수업, 아이들의 신체적 피로도, 수업 내용이 자신의 삶과 연관성이 없다는 생각, 주의를 분산시키는 수업 사건이나 동료 아이들 등 다양한 이유가 있지만, 수업컨설팅 과정에서 가장 많이 발견되는 이유는 뇌도 휴식이 필요한데 휴식 없이 달리는 수업 때문인 경우가 많다.

두 가지 역사 수업 사례를 살펴보자. 아이들의 집중도 유지를 위해 수업컨설팅을 요청하신 역사 선생님 수업에서는 아이들의 뇌 피로도가 극에 달하는 것을 관찰할 수 있었다. 수업 목표는 '정조대왕의 개혁정치를 통한 리더십 찾기'였다. 선생님은 잘 정리된 PPT를 이용하여 정조대왕의 개혁정치 사례인 규장각, 무예도보통지, 금난정권 폐지 등에 대한 설명을 아이들에게 하셨다. 선생님은 정조의 정책에 반대하는 신하들의 사례를 들어가며 재미있게 설명을 하려고 노력을 하셨다. 하지만 쉴 새 없이 계속 새로운 역사적 사실들에 대한 설명들이 이루어지고 있어서, 그 내용을 이해하고 정리하는 데 학생들은 모든 에너지를 수업 시간 내내 쏟아붓고 있었다.

또 다른 역사 수업 사례를 살펴보자. 이 수업의 컨설팅 의뢰 과제는 아이들의 사고를 촉진하기 위한 발문 전략에 도움을 달라는 것이었다. 이 수업을 관찰해 보니 수업 중 아이들은 수업에 대한 집중도가 매우 높게 나타났으며, 수업 후 아이들과 면담을 해 보니 아이들은 수업이 끝난 후 따로 공부를 하지 않아도 수업 내용이 기억에 잘 남는 좋은 수업이라고 반응하고 있었다. 이 선생님의 수업을 관찰해 보니 아주 잘 조직화된 수업을 하면서 적절한 뇌의 '휴식 전략'을 사용하고 있었다. 항상 수업 내용을 세 가지 큰 범주로 나누고, 각 범주의 수업을 시작할 때 어떤 내용을 배울 것이며, 이때 중요한 것이 무엇인지 미리 알려 주고 첫 번째 범주에 대한 수업을 하셨다. 그리고 그 내용에 대한 설명이 끝나면 다양한 형태의 종합 정리나 성찰 활동을 하면서 뇌의 휴식 전략을 사용하셨다. 예를 들어, 미니 하브루타 형태로 두 명의 짝이 첫 번째 수업 내용 중 서로 모르는 것을 묻고 답을 하는 활동을 3분 정도 실시하게 하거나, 선생님이 발문을 하고 개인별로 생각을 한 후 짝끼리 자신들의 답을 공유하는 사고 공유 짝 학습(Thinking-pair-share) 활동을 하도록 하기도 하였다. 때로는 시대적 사건의 핵심적 내용을 그림이나 웹 툰 형태로 그려 보게 하거나 시대적 흐름의 사건들을 표로 만들어 보게도 하였다. 즉, 계속 새로운 수업 내용을 아이들에게 전달함으로써 아이들의 인지적 부하를 고조시키는 것이 아니라 잠시 쉬면서 배웠던 내용을 어떤 형태로든 정리하고 지나가는 전략을 사용하셨다. 두 번째 범주의 내용과 세 번째 범주의 내용이 끝난 후에도 각각 동일한 활동을 하고, 수업 마지막에는 이들 세 가지 범주 모두에 대한 정리 활동을 하셨다. 이 수업의 경우, 수업 내용을 잘 조직화해서 아이들의 이해를 도왔다는 차원에서 매우 훌륭한 수업이다. 하지만 선생님은 진도로 인해 내용 전달 중심의 수업을 하면서도 아이들이 스스로 생각할 수 있는 능력을 길러 주고 싶어서 보다 효과적인 발문 전략의 사용에 대해 고민을 하고 계셨다.

뇌도 휴식이 필요하다. 앞의 두 사례는 두 가지 상반되는 예를 보여 주고 있다. 뇌도 휴식이 필요하다는 것을 이해하기 위해 정보처리 이론에 대해 간단하게 살펴보자. 대표적인 교육심리학 이론인 정보처리 이론에 따르면, 인간의 뇌는 작동기억(working memory)과 장기기억(Long-term memory)으로 나뉜다고 한다. 그리고 사고 활동이나 학습은 주로 작동기억의 활동에 의해 이루어진다. 세상과 소통의 통로가 되는 오감을 통해 들어오는 모든 정보는 바로 작동기억에서 처리가 되어 장기기억에 저장되거나 소멸된다. 만일 어떤 정보가 작동기억의 처리 과정을 거쳐 장기기억에 저장되면 학습이 이루어졌다고 말할 수 있다. 그런데 작동기억은 용량의 한계가 있어서 순간적으로 단어를 기억한다면 7±2개만 기억할 수 있다. 즉, 최대 9개에서 최소 5개까지만 기억할 수 있다. 따라서 장기기억에 저장하는 활동 없이 새로운 정보가 작동기억으로 계속 들어오면 학습은 일어날 수 없고 용량 초과, 즉 과부하가 일어나서 학습을 포기할 수 있다.

다음 그림은 두 가지 작동기억의 활동을 비유적으로 보여 주고 있다. 어떤 수업에서는 쉼 없이 계속 새로운 내용을 가르침으로써 인지적 부하가 지속적으로 발생하는 수업이 있다. 이런 수

[그림 2-4]

업은 쉬지 않고 계단을 오르거나 산을 오르는 것처럼 피로가 누적되어 결국 포기하게 될 수 있다. 어떤 수업은 일정 범위의 수업 내용이 끝나면 계속 새로운 정보를 가르치기보다 잠시 쉬면서 배운 내용을 종합 정리하거나 문제 풀이나 사례 적용 활동을 통해 장기기억에 저장을 돕는 활동을 하는 '휴식이 있는 수업'이 있을 수 있다. 어떤 수업이 더 효과적인지는 잘 알 수 있을 것이다.

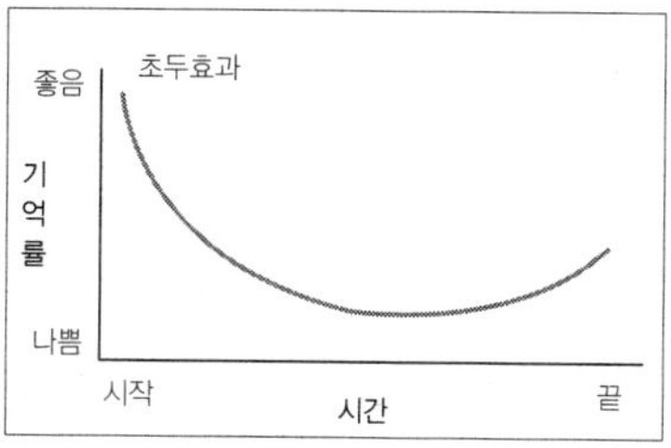

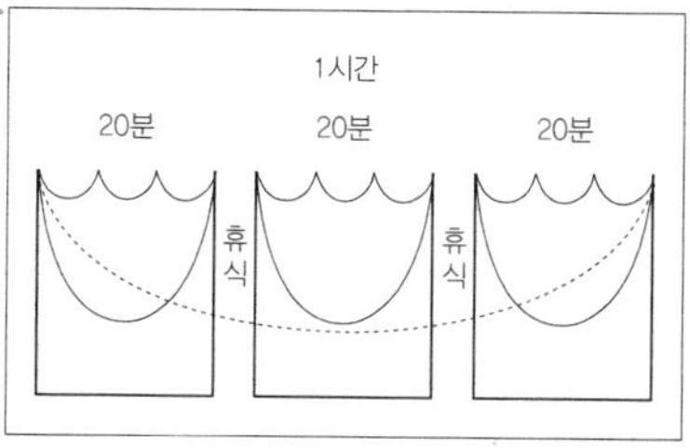

[그림 2-5]

쉼이 필요한 또 다른 이유가 있다. 앞의 그림은 초두-최신 효과를 의미한다. 초두-최신 효과에 따르면, 처음과 마지막에 사람의 기억력은 좋아진다고 한다. 사람은 첫인상과 끝 인상이 중요하다고 하는데, 그 이유도 처음과 마지막 부분에서 기억률이 가장 좋기 때문이다. 초두-최신 효과에 따르면, 사람은 처음 시작할 때 호기심으로 인한 집중력으로 기억률이 가장 좋고, 시간이 지나면 점점 기억률이 떨어지다가, 끝날 때쯤 되면 자신이 놓친 것은 없는지 집중함으로써 기억률이 좋아진다고 한다.

[그림 2-5]의 오른쪽 그림은 휴식에 따른 초두-최신 효과의

변화를 이야기한다. 만일 1시간 동안 수업을 하는데 쉼 없이 계속 이루어지면 하나의 초두-최신 효과 그래프가 그려진다. 하지만 수업 내용을 큰 범주 세 가지로 나누어 20분마다 잠시 쉬면서 종합 정리나 학습을 보다 정교화하기 위한 활동을 한다면 초두-최신 효과 그래프는 3개가 되면서 기억률이 높아지는 시간대가 증가하게 된다. 또한 각각의 큰 범주 내에 다시 작은 범주를 나누어 동일한 활동을 한다면 기억률이 좋아지는 시간대는 더욱 증가하게 된다.

뇌도 휴식이 필요하다. 나이가 어릴수록 뇌의 휴식 활동은 더 필요하다. 한 시간 동안 선생님이 쉼 없이 새로운 지식들을 아이들에게 쏟아붓는다면 작동기억의 과부하가 일어나서 장기기억으로 저장하는 활동, 즉 학습은 일어날 수 없게 되고 초두-최신 효과처럼 집중력의 저하로 기억률도 떨어지게 된다. 쉼 없는 수업은 또한 수업의 속도가 빠르게 느껴질 수 있고 수업의 양이 많아지게 된다. 쉼 없는 수업은 아이들이 정리할 수 있는 시간을 주지 않기 때문에 선생님도 힘들고 아이들도 힘든 수업이 된다. 아이들이 수업 중 집중도가 떨어지는 것은 뇌가 새로운 정보와 지식을 처리하다가 지쳐서 집중도가 떨어질 수 있다. 중간중간 아이들이 배운 내용을 정리하고 넘어갈 수 있는 시간을 제공함으로써 뇌의 휴식 시간을 제공하고, 초두-최신 효과가 많아짐으로써 학습의 효과가 더 높아질 수 있다. 휴식이 오히려 더 효과적인 학습을 할 수 있게 한다.

아이들은 알지만 선생님은 모르는 수업의 맹인 영역

수업의 효과성에 영향을 미치는 가장 중요한 요인 중 하나가 선생님과 아이들의 관계이다. 관계가 좋지 못하면 선생님에 대한 아이들의 신뢰에도 부정적 영향을 줄 수 있고, 수업에서 아이들의 태도가 좋지 않아 수업 분위기는 나빠지고 수업 참여도도 낮아져 학습의 효과성도 낮아지게 된다.

의외로 생각보다 많은 선생님이 아이들과 친해지는 방법에 대해 고민을 많이 하고 있었다. 나이가 좀 있으신 고등학교 남자 선생님 한 분이 수업에서 아이들의 참여도를 높이기 위한 방법에 대해 수업컨설팅을 요청한 적이 있었다. 그 수업에서 아이들이 참여하지 않는 가장 문제가 되는 이유는 선생님에 대한 아이들의 태도였다. 아이들과 면담을 해 본 결과, 선생님과 소통에 어려움이 있고 자신들을 잘 이해해 주지 못하신다는 반응이 많았다. 이런 경우, 아이들의 면담 내용을 수업컨설턴트가 중간에 잘못 전달하면 아이들과 선생님의 관계가 더 안 좋아질 수 있다. 따라서 그 선생님에게 '삼삼 요구도 조사'를 수업 중에 해 보도록 조언을 해 드렸다. 이 조사는 선생님이 아이들에게 빈 종이를 나누어 주고 수업에서 계속 발전시킬 필요가 있다고 생각하는 것들 중 가장 중요한 것 세 가지를 순서대로 쓰게 하고, 또한 수업에서 이것만은 고치면 좋을 것 세 가지를 자유롭게 쓰도록 하는 것이다. 즉, 수업의 강점 세 가지와 수업의 개선점 세 가지를 우선순위에 따라 쓰게 함으로써 수업에 대한 아이들의 요구도를 조사하는 것이다. 이때 중요한 것은 아이들 자신의 이름은 절대 쓰지 않게 하고, 농담처럼 필적 조회를 절대 하지 않을 거라고 말할 필요가 있다. 그리고 아이들이 글을 쓸 때 선생님은 교실에 있어서는 안 되고 반장이 글을 모아 오도록 해야 한다.

요즘 아이들은 자기의 주장과 생각을 그대로 쓰는 경향이 있어서 선생님이 생각하지 못했던 자신의 수업에 대해 많은 사실들을 발견할 수 있다. 어떤 말들은 선생님의 자존심을 상하게 하는 말들도 있다. 나의 경우도 대학에 처음 발령을 받고 가르치면서 아이들의 생각이 궁금해 요구도 조사를 한 적이 있었다. 초기에는 '교수님 수업 중 주머니에 손을 넣고 설명하시는 모습이 권위적으로 보입니다. 손을 빼고 수업해 주세요.'와 같은 말부터 시작해서 '교수님 설명이 어떤 때는 말이 어려워 이해하기 힘들어요. 설명할 때 구체적인 예를 들어 설명해 주세요.' '교수님 설명이 너무 빨라요. 좀 더 천천히 이야기해 주세요.' '교수님 수업이 너무 이론적입니다. 현장에 도움이 되는 실질적인 내용을 더 가르쳐 주세요.'와 같은 내용들이 많았다. 처음에는 아이들의 반응이 이해되지 않는 경우도 있었다. 난 정말 천천히 설명하고 구체적인 예들을 많이 들어 준다고 생각했는데, 아이들은 그렇지 않다고 반응을 하고 있었다. 나중에 깨달았지만, 내가 쉽게 설명한다고 하는 설명도 아이들에게는 어려울 수 있었고, 결국 시간을 두고 이런 격차를 줄이기 위한 방법들을 찾는 노력을 해 왔다. 중요한 것은 많은 아이들이 공통적으로 지적하고 있는 수업에서 고쳤으면 좋을 것들은 목록화하고, 이들 중 중요한 것들은 꼭 실제 수업에서 고쳐 나가야 한다는 것이다. 이런 노력은 아이들이 수업에서 정말 싫어하는 것들을 개선하게 함으로써 아이들과의 관계 개선을 포함하여 수업 참여도, 그리고 아이들의 성적에서도 변화가 있게 된다.

앞 사례 선생님의 경우, 아이들이 가장 싫어했던 것은 수업 중 정치적인 이야기를 하는 것이었고, 정치적 이야기를 하는 방식에서도 선생님의 독단적이고 일방적인 생각을 강요하는 것이었다. 요즘 고등학생들 중에는 의식이 많은 학생들이 있어서 선생님이 일방적으로 자신의 가치관을 주장하는 경우 반항심이 생길 수 있다. 선생님께서는 요구도 조사지를 읽고, 이 외에도 수업에서 자신이 보지 못했던 자신의 모습을 발견하시고 아이들의 요구에 따라 수업 중에는 절대 정치적 이야기를 하지 않는 것을 포함하여 조금씩 개선을 해 나가셨다. 나중에 들은 이야기이지만 아이들과의 관계가 많이 개선되어 수업 참여도도 많이 좋아지셨다고 연락을 주셨다. 수업에서 아이들이 공통적으로 싫어하는 수업 요소들을 찾아 이들만 고쳐도 수업에는 많은 변화가 생겼다. 아이들의 수업 참여도가 변화하였고, 선생님과 아이들 관계도 개선되기 시작하였다. 수업은 참으로 역동적이기 때문에 작은 변화가 수업의 많은 변화를 가져오는 연쇄 반응을 일으키게 된다.

수업컨설팅의 목적 중 하나는 선생님 자신이 인지하지 못하는 자신의 수업을 인지하도록 돕는 것이다. 즉, 수업컨설팅은 자신의 수업을 기존의 관점이 아닌 새로운 관점에서 볼 수 있도록 도움을 주어야 한다. 이때 새로운 관점은 많은 논쟁점을 가지고 있다. 예를 들어, 새로운 관점은 누구의 관점을 이야기할 것인지 합의가 필요하다. 수업컨설턴트의 관점, 학교 행정가의 관점, 학부모의 관점, 사회의 보편적 관점, 선생님 자신의 관점, 아이들의 관점 등 다양한 관점에 따라 수업은 다른 가치 체제와 다른 모습을 보이기 때문이다.

수업의 목적이 아이들의 배움과 성장에 초점이 있기 때문에 수업이 효과적이기 위해서는 아이들의 관점이 무엇보다도 중요하다. 따라서 수업컨설팅을 할 때 자주 사용하는 전략은, 자신의 수업을 아이들의 관점에서 볼 수 있도록 도움을 주려고 한다. 이때 가장 많이 사용하는 전략이 조하리의 창(Johari window)이다. 조하리의 창의 원래 목적은 자신과 타인들 간의 관계를 잘 이해할 수 있도록 돕기 위한 것이지만, 이것을 수업에 적용하며 선생님과 아이들 관계에서 수업 이야기로 적용할 수 있다.

		선생님	
		인지	비인지
아이	인지	**공개 영역**	**맹인 영역**
	비인지	**비밀 영역**	**미지 영역**

[그림 2-6] 수업에 대한 조하리의 창(Johari window)

[그림 2-6]을 보면 선생님과 아이들이 수업에 대해 인지하고 있는지 혹은 인지하고 있지 않은지에 따라 공개 영역, 맹인 영역, 비밀 영역, 미지 영역의 4가지 영역으로 구분이 된다. 공개 영역이란 수업에 대해 선생님과 아이들 모두 알고 있는 영역을 의미하며, 수업에서 공개 영역이 많은 부분을 차지할수록 건전한 관계와 효과적인 수업이 이루어지게 된다. 비밀 영역이란 수업에 대해 선생님은 알고 있지만 아이들은 모르는 영역을 의미한다. 예를 들어, 가끔 선생님들이 가르치는 내용에 대해 잘 준비하지 못하고 가르치는 것을 선생님 자신은 잘 알고 있지만 아이들은 모를 수 있다. 맹인 영역이란 수업에 대해 아이들은 잘 알고 있지만 선생님이 모르는 영역을 의미한다. 예를 들어, 아이들은 모두 수업이 재미없다고 생각하는데 선생님은 자신의 수업이 재미있다고 오해하고 있을 수 있다. 또한 선생님은 수업 내용을 아이들이 모두 쉽게 이해했을 거라고 생각하지만 많은 아이들은 수업이 어렵다고 느끼고 잘 이해를 못한 경우도 있을 수 있다. 미지 영역

이란 선생님과 아이 모두 모르는 부분으로 수업컨설턴트와 같은 외부 전문가들에 의해 발견될 수 있는 영역이다. 예를 들어, 수업 일관성 분석을 해 보면 수업 목표에 맞지 않는 수업 전략이 사용되어 선생님이 의도했던 수업과 실제 수업에 많은 차이가 있음에도 불구하고, 선생님이나 아이들 모두 모르고 지나가는 경우가 있다.

가장 좋은 수업은 수업이 공개 영역으로 채워지는 것이고, 가장 안 좋은 수업은 수업에서 맹인 영역이 많은 수업이다. 맹인 영역이 많을수록 선생님이 자신의 수업에 대한 성찰이 부족한 것을 의미하며, 선생님과 아이들 간의 소통이 부족하고 관계도 좋지 않은 경우가 많다. 따라서 수업의 효과성도 떨어지게 된다. 수업컨설팅을 할 때 맹인 영역을 공개 영역으로 만들기 위한 다양한 전략이 있지만, 가장 효과적인 전략으로 아이들의 생각을 가감 없이 읽을 수 있는 것은 앞에서 설명한 '삼삼 수업 요구도 조사'이다. 수업컨설팅 경험에 따르면, 요즘 아이들은 자신들의 의견을 가감 없이 요구도 조사에 모두 적는 경향이 있다. 따라서 선생님은 모르지만 아이들만 알고 있는 수업의 모습을 찾아내기 위해 '삼삼 수업 요구도 조사'는 매우 효과적이고, 다른 특별한 도구나 지식 없이도 실행할 수 있어서 편리한 측면도 가지고 있다. 단, 실시 시기는 학년이 시작된 후 한 달 정도 지나 실시하는 것이 가장 좋다. 그 이유는 아이들이 수업에 대해 어느 정도 알기 시작한 때가 학년 시작 후 한 달 정도 지난 시기이며, 너무 늦어지면 선생님과 아이들 간의 관계가 고착화되어 개선하기 어려운 경우가 생기기 때문이다.

수업의 변화는 수업 문제의 인지, 즉 앎으로부터 시작된다. 가르치는 것의 목적이 아이들의 배움이기 때문에 아이들 관점에서 어떤 수업의 모습들이 개선할 필요가 있는지를 아는 것은 매우 중요한 일이다. 먼저 자신의 수업에서 어떤 부분들이 맹인 영역에 속하는지 성찰을 해 보고, '삼삼 수업 요구도 조사'와 같은 방법이나 아이들과의 면담을 통해 찾아내어 비교함으로써 수업의 맹인 영역을 공개 영역으로 바꿀 필요가 있다. 그리고 아이들이 공통적으로 말하는 개선 사항들을 하나씩, 그리고 조금씩 바꾸어 나간다면 수업은 행복한 공간으로 변화할 수 있을 것이다.

아이들을 패배자로 만드는 이율배반적 수업

여고에 근무하시는 젊은 여선생님과 수업컨설팅을 진행한 적이 있었다. 그 선생님은 아이들을 정말 사랑하고 있다는 것이 느껴질 정도로 아이들의 아픔을 함께 아파하고 있었다. 대화 중 선생님은 "왜 요즘 아이들은 그렇게 모두 자신감이 떨어져 있을까요?"라고 질문을 하셨다. 나는 "왜 그렇게 생각하시나요?"라고 다시 반문을 하였고, 선생님은 그 이유를 설명하기 시작하셨다. 그 여고의 경우, 상위권 학생들이 모두 고만고만하게 몰려 있어서 아이들이 아무리 열심히 공부를 해도 내신 성적이 오르지 않고, 조금만 공부를 안 하면 내신 성적이 떨어지게 된다고 한다. 그리고 전교 1~2등을 하는 아이들도 언제 자리를 빼앗길지 몰라 전전긍긍하고, 그러다 보니 모두 자신감이 부족한 모습을 보인다고 하셨다. 오랜 시간 대화가 오고 갔고, 그 대화를 통해 나도 많은 생각을 하게 된 계기가 되었다. 수업컨설팅은 선생님만 성장하는 것이 아니라 수업컨설턴트도 함께 성장하는 소중한 경험이다.

수업컨설팅이 좋은 이유 중 또 하나는 아이들과 많은 대화를 할 수 있다는 것이다. 수업 관찰이 끝나면 일반적으로 수업에 잘 참여하지 않았던 아이들 몇 명을 대상으로 간단하게 면담을 실시하게 되는데, 그 면담이 수업컨설턴트인 나도 많은 것을 배우게 한다. 그 여고에서도 아이들은 배움에 대해 그리고 학교생활에 대해 많은 이야기들을 해 주었다. 그 여고는 지역이 비교적 좋은 아파트들이 몰려 있는 학교로 상위층 아이들이 밀집되어 있는 학교였다. 면담 과정에서 한 아이가 나에게 한 이야기가 교육을 연구하는 학자로서 부끄러움을 느끼게 하였다. 그 아이의 말은 학교에서 서로 배려하고 협력하는 공동체적 삶을 살라고 가르치지만, 내신 등급 때문에 실제 학교에서는 모든 친구들이 경쟁의 대상이 되고 있다고 한다. 서로 어떤 학원에 다니는지, 어떤 문제지를 푸는지, 과목마다 어떻게 공부하는지 등 서로의 노하우를 공유하는 것이 아니라 숨기고 보여 주지 않는다고 한다. 수업 시간에 모르는 친구를 도와주라고 하는데, 부족한 과목을 잘하는 친구에게 물어보고 싶어도 물어볼 수 없는 문화가 자리를 잡고 있다고 한다. 물어봐도 잘 가르쳐 주지 않고, 물어보는 것 자체가 상대방의 시간을 뺏거나 또는 상대를 곤란하게 해서 서로를 힘들게 하기 때문에 물어보지 않는 것이 더 낫다고 한다. 그 외 다른 아이들도 비슷한 이야기를 해 주었다. 현재 어떤 과목에서 1등급을 받거나 일등을 하고 있다고 해도 언제 다른 아이들에게 그 자리를 뺏기게 될지 몰라 불안하고 걱정이 된다고 하는 아이들이 있는가 하면, 아무리 열심히 해도 성적이나 등급이 오르지 않아 공부에 대한 자신감 상실과 공부에 대한 무기력증이 생긴다는 아이들도 있었다.

아이들의 이야기를 듣지 않아도 우리 학교 시스템은 학교에서 중요하다고 가르치는 가치와 실제 학교에서 보이는 가치가 서로 다른 이율배반적인 현상을 보여 주고 있다. 친구를 서로 배려하고 협력하며 함께 배우고 성장하는 교육을 강조하고 있지만 등급제에 따른 상대평가 시스템은 끊임없는 무한 경쟁을 부추기고 있고, 아이들을 성적에 따라 줄 세움으로써 자신의 가치를 등급이나 순위에 따라 매기게 하고 있다. 어떤 아이들은 "우리가 소인가요? 등급을 매겨서 가치를 판단하게요."라고 말하는 학생들도 있었다. 아이들끼리도 성적이나 등급에 따라 서로를 대하는 태도가 다르다고 한다. 학교 교육은 평등한 친구 관계를 강조하지만, 정작 학교에서 계급화된 관계를 조장하고 있다. 또한 우리나라 아이들은 학습 노동이라 할 정도로 학습 시간은 상대적으로 많고, 아이들의 행복 지수는 꼴찌에 가깝게 나타나고 있다. 앞 사례에 따르면, 아이들을 끊임없이 자신의 가치를 상대적으로 평가받는 세상에 살게 함으로써 일등을 포함하여 모든 아이들이 끊임없는 패배 의식, 자신감의 상실, 열심히 해도 안 된다는 절망감을 느끼게 하고 있다. 모든 아이들을 '루저(looser)'로 만들고 있는 것이다.

다른 사람들과 비교하는 것은 언제나 사람을 불행하게 한다. 아무리 잘해도 자신보다 더 잘할 수 있는 아이들이 있기 때문에 상대적 무력감을 느끼게 되고 자존감을 상실하게 된다. 남과 자신을 비교하는 것은 모든 불행의 원인이 된다. 남들과의 비교는 끝없는 경쟁을 의미하며 승자 없이 모두 패자로 만들기 때문이다. 학교에서는 남들과 비교하지 말고 자신이 가진 장점과 매력을 발견하고 자신만의 삶을 살라고 가르치고 있지만, 실제 학교는 오직 성적이라는 하나의 잣대로 아이들을 줄 세우고 있다.

이러한 줄 세우기 시스템은 아이들에게 또 다른 문제점을 가르치고 있다. 즉, 다른 사람들과의 비교를 통해 '인정'받는 것이 삶에서 최고의 가치라는 것을 무언중에 가르치고 있다. 남들이 인정하는 좋은 성적을 받아 남들이 인정하는 좋은 대학에 들어가고, 궁극적으로는 남들이 인정하는 좋은 직업과 많은 돈을 벌어 너 혼자 잘 먹고 잘 살아야 한다는 것을 가르치고 있다. 이런 가치 시스템은 모든 아이들로 하여금 남의 인정을 받기 위해 자신의 삶을 불행하게 살게 한다. 최근 아이들이 SNS에 다른 사람들의 '좋아요' 버튼을 받기 위해 끊임없이 셀카를 찍고 음식과 좋은 곳에 방문했다는 인증샷을 찍어서 올리고 있다. 좋은 곳에서 좋은 것을 먹으면서 자신의 삶을 즐기기보다 남들에게 자랑하고 인정받으려는 욕구로 그 시간들을 허비하는 경우도 많다. 남들에게 인정받으려는 욕구는 자신의 삶에 자신이 주인이 되지 못하고 남들이 주인이 된 삶을 살게 한다. 자신의 즐거움보다 남들의 시각에 맞추어 자신의 삶을 살게 한다.

교육은 아이들에게 삶의 주인이 되도록 교육을 해야 한다. 자신의 가치를 다른 아이들과 비교하여 상대적 위치로 인식하게 해서는 안 되고, 성적이라는 하나의 잣대로 아이들을 줄 세워서는 안 된다. 개개인마다 서로 다른 목적이 있고 자신의 목적에 맞는 자신만의 경주를 하도록 해야 한다. 아이들과의 면담 과정에서 아이들은 자신들을 방어하기 위해 "할 수 없어요." "저의 능력이 부족해요."라는 말 대신 "하기 싫어요." "관심 없어요."라고 표현하는 것을 볼 수 있다.

수업 관찰을 하다 보면 수업에서도 아이들에게 잘못된 가치를 교육하는 경우가 종종 있다. 아이들이 말을 안 들으면 수행 점수, 상점, 벌점, 스티커, 토큰, 먹을거리 등 다양한 처벌이나 외적 보상을 이용하여 아이들을 통제하려 한다. 물론 이러한 외적 보상 자체가 나쁜 것은 아니다. 하지만 잘못 사용되는 경우가 많다. 예를 들어, 외적 보상은 반드시 내적 보상과 함께 제공되어야 한다. 상을 주면서 그 아이가 어떤 점을 어떻게 잘했는지 구체적인 피드백을 주면서, 자신들도 열심히 하면 성취해 낼 수 있다는 성취감이나 도전감 혹은 자신들의 능력이 향상되어서 새로운 것을 해낼 수 있다는 자신감 등과 같은 내적 보상을 느끼도록 해야 한다. 하지만 이런 활동 없이 점수나 스티커를 주게 되면 이런 상은 다시 외부 사람들이 제공하는 인정의 욕구, 즉 외적 보상에만 의존하게 하고, 이런 보상이 없으면 아무것도 하지 않는 사람을 만들어 낼 수 있다. 이런 점은 수행 목표(performance goal)와 학습 목표(learning goal)란 개념으로 설명이 가능하다. 여기에서 목표는 공부를 하는 목적을 의미하는 것으로, 수행 목표는 '수업에서 몇 점을 받거나 몇 등을 하고 싶다'는 것과 같은 성취를 통해 얻고자 하는 결과에 초점이 있지만, 학습 목표는 '이번 공부를 통해 영어로 나의 취미를 말할 수 있는 능력을 배우고 싶다.' 또는 '환경을 보호할 수 있는 방법을 배우고 싶다.'와 같은 무엇을 할 수 있거나 어떤 능력을 얻게 되고 싶다와 같은 학습의 목표를 의미한다. 수행 목표를 가진 아이들은 쉽게 흥미를 잃거나 공부 과정에서 쉽게 좌절이나 포기를 할 수 있지만, 학습 목표를 가진 아이들은 자신이 원하는 것을 배우기 위해 끈기 있게 학습에 임하게 된다. 외적 보상만을 강조하는 수업에서 아이들은 수행 목표에 초점을 둔 접근을 하지만 내적 보상, 즉 도전감이나 성취감을 얻거나 구체적인 피드백을 통해 자신이 알지 못하는 성취를 인지하도록 도와주는 활동은 학습 목표를 구축하도록 함으로써 남들이 아닌 자신과의 싸움을 하도록 한다.

선생님들과 면담을 하다 보면 자신들도 현실과 이상적 교육 간의 괴리감이나 표리부동함에 힘들어하고 아이들에게 미안한 마음이 든다고 말하고 있지만, 가끔 선생님 자신들도 모르게 그러한 현실을 스스로 만들어 가고 있는 것을 발견할 때가 있다. 솔직히 말하면 이런 사회 체제나 교육 체제를 선생님 혼자서 바꾸는 것은 불가능하다. 하지만 반대로 이런 외부 체제를 탓하고 아무런 노력을 하지 않는다면, 결국 선생님 또한 이러한 잘못된 교육 체제를 만들어 가는 일부가 되어 버린다. 몇몇 선생님들 중에는 자신의 수업에서라도 아이들이 서로의 다양한 차이점을 인정하고 존중하도록 가르치고, 오직 성적이 삶의 성공의 유일한 준거가 되는 것은 아니라는 것을 가르치고 실천하시는 분들도 있다. 아이들 스스로 자신들이 가진 고유한 장점을 스스로 발견할 수 있는 기회를 제공하고, 자신의 장점을 계속 발전시켜 나갈 수 있도록 격려하시는 선생님들도 계신다. 이들 선생님들이 계시기에 우리 교육의 미래는 조금씩 개선되고 밝아질 것이라고 기대를 하고 있다.

3부

그래서 선생님은?

성찰적 실천가로서 선생님

수업컨설팅을 시작한 지 얼마 되지 않은 시기에, 발령받은 지 얼마 되지 않은 선생님을 컨설팅한 적이 있었다. 그 선생님이 한 번은, "어떤 선생님이 좋은 선생님인가요?"라고 질문을 하셨다. 그 당시 나는 깊이 있게 어떤 선생님이 좋은 선생님인지 생각해 보지 못해 당황을 했고, 이 선생님에게 단순한 답을 드리기보다는 고민해 볼 수 있는 답을 드리고 싶어서 시간을 달라 하고 고민하기 시작했다. 그러다가 선생님들의 발달 단계에 대한 책을 읽고 답을 찾게 되었고, 그 내용이 그 선생님에게도 도움이 되었지만 나에게도 많은 도움이 되었다.

선생님들도 발달 단계가 있다고 한다. 수업컨설팅을 효과적으로 진행하기 위해서는 선생님의 발달 단계를 잘 파악해야 한다. 가끔 학교 관리자가 수업컨설팅을 의뢰하고 발령받은 지 얼마 되지 않은 선생님들을 수업컨설팅에 참여하도록 하는 경우가 있다. 이 경우, 선생님들은 학교생활에 적응하는 것 자체로 바쁘고 수업에 대한 고민을 해 볼 시간도 부족해서 자신의 수업에서 무엇이 문제이고 무엇을 개선해야 하는지에 대한 생각이 전혀 없는 경우도 많다. 이런 경우, 수업 전반에 대한 분석을 실시하여 자신의 수업에 대한 거시적 시각을 갖도록 도와주는 것이 매우 효과적이다. 반면, 어떤 선생님들은 오랜 시간 동안 수업을 개선하기 위해 노력을 해 왔고 자신의 수업 문제도 잘 알고 계신 경우가 있다. 이때에는 선생님이 가지고 있는 수업 문제에 구체적인 초점을 두고, 어떤 정해진 해답을 드리기보다는 선생님 스스로 깊이 있는 성찰을 할 수 있도록 도움만 주면 수업에 많은 변화가 있어나게 된다.

폴라드(Pollard, 2002)[1]에 따르면, 선생님의 발전 단계는 다음 그림처럼 5단계로 이루어진다고 한다.

첫 번째 단계는 초기 이상주의자로서, 선생님이 된 지 얼마 되지 않은 초보 선생님들이 해당된다. 현실적인 감각이 부족하여 실제 교육현실에 기초한 접근보다는 꿈과 이상을 가지고 수업에 접

[그림 3-1] 선생님의 발전 단계

1) Pollard, A. (2002). *Reflective teaching: Effective and evidence-informed professional practice*. New York: NY: Continuum.

근하는 선생님을 의미한다. 수업컨설팅 과정에서 이들 단계의 선생님들은 의욕과 열정이 앞서고, 학교 현실과 관리자 그리고 기존 선생님들에 대한 비판을 주로 많이 한다. 따라서 수업컨설턴트로서 중요한 역할은 이들의 비판을 많이 들어주는 것이며, 중요한 과제는 비판이 비판으로만 끝나지 않고 자신의 수업에 대한 성찰과 개선 노력으로 이어지도록 도움을 주는 것이 중요하다.

두 번째 단계는 생존자이다. 생존자란 초기 이상주의자를 벗어나 새로운 환경에서 새로운 업무와 인간관계를 유지하는 과정에서 교육현장에 적응하기 급급한 단계를 의미한다. 이 단계의 선생님들은 새로운 환경에 적응하기 바쁘기 때문에 자신이 가지고 있는 수업 문제가 무엇인지조차 파악하기 힘들어한다. 실제 생존자 단계에서는 수업컨설팅보다는 학교생활 전반에 대한 도움을 줄 수 있는 멘토가 더 필요하다고 할 수 있다. 수업컨설팅에서 생존자 단계의 선생님들에게는 현재 자신의 수업을 보다 거시적이고 객관적으로 성찰하고, 있는 그대로의 수업 현상 전반을 파악할 수 있도록 도움을 주는 것이 중요하다.

세 번째 단계는 난관자이다. 난관자란 학교 환경에 적응을 하게 되면서 수업을 포함한 업무와 인간관계 등에서 다양한 문제들을 인식하지만, 이를 어떻게 해결해야 하는지 해결책을 찾지 못해 의문점들만 가지고 있는 단계를 의미한다. 이 단계에서 수업컨설턴트의 중요한 역할은 우선순위를 결정하도록 도움을 주는 것이다. 수업에 대해서도 너무 많은 문제점들을 호소하고 있어서 이들 모두를 해결하도록 도움을 주려고 하면 쉽게 포기하게 된다. 따라서 수업 문제들을 나열하고 중요도, 즉 아이들의 학습에 가장 큰 영향을 주는 요소, 가장 자주 영향을 주는 요소, 가장 치명적인 영향을 주는 요소 등의 기준에 따라 해결해야 할 수업 문제의 우선순위를 결정하고 하나씩 천천히 해결할 수 있도록 도움을 주는 것이 중요하다. 그리고 또 중요한 것은 자신감을 갖도록 격려해 주는 것이다. 이 단계의 선생님들은 너무 많은 문제점들을 발견하고 문제점들에 짓눌려 자신감을 상실한 경우가 많다. 그래서 자신만 그런 문제들을 가지고 있는 것이 아니라 다른 모든 선생님들이 동일한 경험을 가지고 있고, 한 가지씩 문제를 해결하다 보면 자신의 능력이 한 단계 업그레이드될 것이라는 것을 확신시켜 드려야 한다.

네 번째 단계는 정체자로서, 그동안 직면했던 다양한 문제들 중 어떤 문제는 해결을 하고 어떤 문제는 해결하지 못한 채 결국 포기를 하고 그저 습관적인 일상을 보내는 단계를 의미한다. 이때의 특징은 선생님들이 변화를 추구하기보다는 현재 상태를 그대로 유지하려는 경향성이 나타나게 된다. 심한 경우에는 소진 현상, 즉 모든 것을 귀찮아하고 새로운 노력을 포기한 상태가 되기도 한다. 소진 현상을 보이는 선생님들의 말을 들어 보면 학교 오는 것이 두렵고, 아이들을 봐도 기쁘지 않으며, 교감이나 교장 선생님이 부르면 새로운 일이 떨어질까 두렵고, 퇴근 시간만 기다려진다고 반응을 하였다. 이 단계에서 수업컨설턴트의 중요한 역할은, 선생님으로서 열정과 동기를 다시 찾고 수업에 대한 몰입을 경험하도록 도움을 주는 것이다. 이를 위해서는 수업 과정에서 선생님이 가지고 있는 고질적인 문제들이 해결되고 아이들이 변화되어 가는 것을 스스로 인식할 수 있도록 돕는 것이 중요하다. 또한 자신만의 수업 철학을 수립해 볼 수 있는 기회를 통해 자신이 교사로서 어떤 삶을, 그리고 어떤 가르침을 실천하고 싶은지 꿈과 비전을 찾아보도록 도움을 줄 필요가 있다.

다섯 번째 단계는 마지막 단계로, 성찰적 실천가의 단계이다. 이 단계의 선생님은 정체자의 단계에서 벗어나 자신의 수업 철학을 가지고 지속적으로 성찰과 실천의 과정을 통해 수업 문제들을 해결하고 수업을 지속적으로 개선할 수 있는 역량을 갖게 된다. 이 단계의 선생님들을 대상으로 컨설팅할 때에는 자신들이 보지 못했던 수업의 모습을 객관적으로 볼 수 있도록 통찰의 기회를 제공하는 것만으로도 수업은 많은 변화를 경험하게 된다. 이 단계의 선생님들은 스스로 수업 문제를 진단하고 해결해 가는 능력을 가지고 있어서 외부의 도움을 필요로 하지 않을 수 있다. 하지만 한 번씩 자신의 시각만으로는 보기 힘들거나 해결하기 힘든 순간이 오면, 그때 외부 컨설턴트의 도움을 필요하게 된다.

"현재 선생님은 어떤 단계에 머물러 있나요."

스스로 질문을 해 보시고 자신은 어떤 단계에 있고 어떤 노력을 해야 하는지 성찰해 보는 시간을 갖길 바란다.

폴라드의 교사 발전 단계는 절대적으로 맞는 것은 아니다. 하지만 수업컨설팅을 할 때 선생님이 어떤 단계에 있는지를 파악하여 선생님의 수준과 요구에 따라 적절한 도움을 제공하는 것은 중요하다. 시간이 지나도 어떤 단계에 계속 머물러 있는 선생님들이 있는가 하면, 어떤 선생님들은 빠른 시간 안에 마지막 단계에까지 도달하는 선생님이 있다. 미국 전국 교육행정가 협의회(CCSSO, 2011)[2]에 따르면, 미국 선생님들이 핵심적으로 가지고 있어야 할 역량 열 가지 중 한 가지로 성찰적 실천가(reflective practitioner)를 강조하고 있다. 성찰적 실천가란 지속적인 수업개선을 위해 자신의 수업 현상을 성찰하고, 이를 개선하기 위한 노력을 끊임없이 수행하는 전문성을 가진 선생님을 의미한다. 미국 우수선생님의 선정 기준(NBPTS, 2002)[3]에도 성찰적 실천가는 매우 중요한 역량으로 기술되고 있으며, 다음과 같은 기준을 충족해야 우수선생님으로 선정될 수 있다고 한다.

- 우수선생님은 자신의 실천에 대해 체계적으로 생각하고 경험을 통해 학습한다.

---

2) Council of Chief State School Officers (2011). Model core teaching strategies; A resource for state dialogue. Retrieved from http://www.legis.nd.gov/assembly/62-2011/docs/pdf/eft021612appendixg.pdf

3) National Board for Professional Teaching Standards (2002). Waht teachers should know and be able to do. Alington VA: Tuthor.

- 우수선생님은 많이 읽고, 질문하고, 창의적이며, 기꺼이 새로운 시도를 한다.
- 우수선생님은 깊은 지식을 발달시키고, 다양한 기술들을 확대해 가며, 새로 발견된 사실들을 자신의 실천에 통합시키기 위해 정기적으로 성찰한다.

수업은 과정이다. 사회는 지속적으로 변화하고, 그에 따라 요구하는 인재상도 달라질 뿐만 아니라 아이들도 계속 변화하고 있어서 수업 역시 계속 변화를 필요로 한다. 성공적인 수업은 성장하는 수업을 의미한다. 성장하는 수업을 위해서는 선생님도 계속 성장을 해야 하며, 이를 위해서 선생님은 성찰적 실천가가 되어야 한다. 이런 의미에서, 앞에서 선생님이 질문한 “좋은 선생님은 어떤 선생님인가요?”에 대한 답으로 다양한 답이 가능하겠지만, 개인적으로는 계속 변화해 가는 성찰적 실천가가 좋은 선생님이 아닐까 생각해 본다.

수업 철학이 있는 선생님과 없는 선생님

앞에서 선생님의 발달 단계 중 '정체자' 단계에 있는 분들을 돕기 위해 수업 철학을 수립할 필요가 있다고 했었다. 그런데 선생님들에게 "수업 철학을 한번 수립해 보세요."라고 말씀드리면, 선생님들 중에는 수업 철학이 무엇이고 왜 필요한지에 대한 질문을 하시는 분들이 많다. 삶에서 목적이 있는 사람과 없는 사람의 모습은 전혀 다르게 나타난다. 목적의식은 무엇이 내게 가장 소중한지 인지하게 하고, 소중한 것들을 위해 자신의 시간을 관리하게 하며, 에너지를 집중할 수 있게 한다. 그리고 어느 시점에선가 자신의 삶을 돌아볼 때 걸어온 길에 대한 후회를 최소화할 수 있게 한다. 나의 경우도 『목적이 이끄는 삶』[4] 이라는 책을 읽은 후에 내 인생이 많이 달라진 것을 경험한 적이 있다.

---

4) 릭 워렌(2010). 목적이 이끄는 삶. 고성삼 역, 서울: 디모데.

학교 수업에서도 목적의식의 소유 여부에 따라 아이들과 선생님들의 삶의 방식에 많은 차이가 있다는 것을 경험한 사례가 많다. 수업 관찰이 끝난 후 수업에 잘 참여하지 않았던 아이들 몇 명을 골라서 면담을 해 보면, 수업에 잘 참여하지 않는 아이들이 가지고 있는 공통적인 문제 중 하나가 수업뿐만 아니라 삶에 대한 목적의식이 없는 경우가 많다는 것이다. '나는 누구? 여긴 어디?'라는 모습을 보이는 아이들이 많다. 무엇을 왜 해야 하는지 목적의식이 없는 아이들은 수업에 대한 관심도 없고 반복되는 지루한 수업을, 그리고 일상을 단지 '견디어 내고' 있었다.

이런 현상은 선생님들에게서도 발견된다. 어떤 선생님들은 분명한 목적의식과 수업의 방향성을 가지고 끊임없이 노력하는 분이 계시는가 하면, 극단적으로 단지 돈을 벌기 위한 직장 생활을 하시는 선생님 또는 그저 반복되는 일상을 아무 생각 없이 살아가는 선생님도 있었다. 수업에 대한 목적의식을 수업 철학이라고 할 수 있고, 결국 수업 철학이 있는 선생님들과 없는 선생님들의 모습은 누가 봐도 그 차이를 알 수가 있다. 수업 철학이란 수업에 대해 자신이 가지고 있는 가치 체제나 신념 체제를 의미하는 것으로, 아이들을 어떤 관점에서 보는지, 수업에서 어떤 가치를 가장 소중히 가르쳐야 한다고 보는지, 어떤 방식의 수업을 해야 한다고 보는지, 아이들과 어떤 관계를 만들어야 한다고 보는지, 수업에서 무엇을 어떻게 평가해야 한다고 보는지 등 수업 전반에 대한 관점과 의사 결정을 하는 데 영향을 준다. 수업 철학은 선생님이라는 직업 수행을 포함하여 개인적 삶의 의미에 영향을 줄 뿐만 아니라 아이들에게 영향을 주기 때문에 수업에서 중요한 역할을 한다.

수업컨설팅을 하다 보면 수업 철학 관점에서 다양한 유형의 선생님들을 만나게 된다. 수업 철학은 소유, 인지, 실천의 세 가지 관점에 따라 유형이 나뉜다. 예를 들어, 어떤 선생님은 명확한 수업 철학을 가지고 있으며(소유), 이를 정확히 인지하고(인지), 수업에 그대로 실천(실천)하시는 분이 계신다. 어떤 선생님은 나름 수업 철학을 가지고 있지만, 정확히 인지하지 못하고 무의식중에 실천하고 있는 분도 있다. 이 경우, 자신의 기존 수업 철학을 정확히 인지할 수 있도록 도움을 주면 문제는 쉽게 해결된다.

어떤 선생님은 수업 철학을 가지고 있고 인지하고 있지만, 과다한 업무와 집안일 등으로 인해 실천하지 못하면서 죄책감만 느끼는 선생님도 있다. 이런 분들은 수업 철학이 있기에 죄책감을 느끼고 있는 것이다. 이 분들을 위해서는 시간 관리 전략을 통해 주어진 시간을 잘 관리하거나, 학교 조직에 건의해서 업무 분장이 너무 몰리지 않게 도움을 드릴 수 있다. 물론 업무 부하로 인해 수업에 영향을 받는 우리 학교 문화로 인해 수업컨설팅을 할 때 한계를 느낀 적도 많이 있다. 선생님이 선생님 본연의 임무인 수업에 열중하지 못하게 하는 우리나라 현실이 안타까울 때가 많다. 행정 업무만을 담당하는 전문 인력을 채용한다면, 비록 예산은 좀 더 들겠지만 정부의 일자리 문제도 해결하고 아이들의 교육도 정상화되는 일석이조의 효과가 있을 것이라는 생각이 교육계에 종사하는 사람으로서 희망에 불과한 것인지 모르겠다.

어떤 선생님은 자신이 표명하는 수업 철학과 실제 수업에서의 실천이 다른 선생님이 있다. 이 경우는 실제 자신의 수업 철학, 즉 가치 체제를 정확히 인지하기보다 다른 많은 사람들이 수업은 이래야 한다고 당연시하는 가치 체제를 자신의 수업 철학과는 맞지 않지만 자신의 수업 철학으로 표명을 하고, 실제 수업에서는 다른 모습을 보이는 경우이다. 예를 들어, 자신은 도전적이고 창의적이며 자기주도적인 아이들을 선호하고 그러한 아이들을 만들기 위한 수업을 해야 한다고 주장하면서, 실제 수업에서는 순종적이고 선생님이 제공하는 답을 그대로 수용하고 열심히 공부하는 아이들을 선호하는 모습을 보이기도 한다. 이런 선생님께는 수업에서 가장 좋아하는 학생들 세 명의 이름을 써 보게 하고, 그 아이들이 가지고 있는 특징과 선생님이 표명하는 수업 철학에서의 학생관과 비교해 보도록 함으로써 자신의 표명 가치와 실제 가치가 차이가 있다는 것을 인식하도록 도움을 드릴 필요가 있다. 이런 선생님들은 실제 자신의 가치 체제를 인지하게 하고, 갈등이 되는 가치 중 자신의 정체성을 찾게 도움을 주어야 한다.

마지막으로, 가장 문제가 되는 것은 수업 철학이 아예 없고 이를 실천하기 위한 노력을 하지 않는 경우이다. 이런 선생님들은 자신의 수업 철학을 개발하도록 도움을 주어야 한다.

수업 철학을 새롭게 개발하기 위해서는 자신이 가지고 있는 가치 체계에 대한 탐색, 자신이 가르치는 아이, 학부모, 사회적 요구에 대한 탐색, 그리고 객관적으로 논의되는 '좋은 수업'에 대한 탐색을 통해 종합적인 방향을 설정해야 한다. 수업 철학이라고 해서 선생님 자신의 개인적인 가치 체계만을 포함해서는 안 되고, 수요자인 학습자들의 요구 또는 학부모의 요구를 반영한 수업 철학의 개발이 이루어져야 의미 있는 수업 철학이 될 수 있으며, 실제 실천 과정에서 아이들의 긍정적 참여를 가져올 수 있다. 어떤 경우, 아이들과 다른 가치 체계를 수업에서 선생님이 아이들에게 강요하면서 오히려 아이들과 갈등만 심한 경우가 있다. 좋은 수업 철학은 개인의 가치만 포함되어서는 안 되고, 아이들과 사회적 요구를 반영한 조화로운 가치 체계를 가지고 있어야 한다. 따라서 선생님은 자신의 가치 체계를 수시로 검증하고, 필요하다면 자신의 가치 체계를 변화시키는 노력도 해야 한다.

나의 경우도 수업 철학은 한 가지로 고정되어 있기보다는 지속적으로 변화해 왔다. 나의 첫 번째 수업 철학은 '엄마의 젖과 같은 수업'을 만드는 것이었다. 엄마의 젖이 의미하는 것은 선생님이 가르치는 수업 내용이 아이들이 먹을 수 있는 수업 내용이 되어야 한다는 것이다. 선생님이 수업 내용을 모두 먹고 소화시킨 다음에 아이들이 생음식을 먹을 수 있으면 생지식 그대로 가르치고, 이유식을 먹을 수 있는 수준이면 이유식 형태로 수업 내용을 잘게 쪼개어 다시 혼합하여 먹기 좋게 만들어서 주고, 만일 아이들이 젖 수준의 수업 내용을 필요로 하면 선생님이 모두 소화하여 새로운 형태로 지식을 재창조한 후 아이들에게 제공해야 한다고 생각했다. 지금은 몇 번의 변화 과정을 거쳤고, 초기의 선생님 중심 또는 가르침 중심적 관점에서 생각했던 엄마의 젖과 같은 수업 철학에서 벗어나, 현재는 '행복해질 수 있는 역량을 길러 주는 수업'을 나의 수업 철학으로 가지고 있다. 수업은 아이들에게 지식과 기술을 제공하지만, 궁극적인 목적은 사회에 나가 어떤 환경에서도 행복해질 수 있는 주체가 될 수 있는 능력을 길러 줄 필요가 있다고 생각하고 있다. 그래서 내 수업에서는 수업 내용만 가르치는 것이 아니라, 수업 내용과 관련해서 자신을 돌아보고 회복 탄력성이나 사회정서능력과 같은 행복해질 수 있는 능력을 길러 주는 활동을 수업에 통합하여 실시하고 있다.

수업 철학은 고정되어 있는 것이 아니다. 아이들이 변하고 사회가 변화함에 따라 수업에 대해 요구도 변화하게 되고, 따라서 수업 철학도 변화가 필요하다. 선생님이 된다는 것 또는 누구를 가르친다는 것은, 아이들에게 미치는 엄청난 영향을 생각해 볼 때 명확한 수업 철학이 정립되어야 하고, 이를 실천하기 위한 열정과 노력이 필요하다.

[참고자료]

Chism(1998)[5]는 수업 철학 진술문에 포함되어야 할 내용으로 다음과 같은 요인들을 제언하고 있다.

- 사람들은 어떻게 학습하는가?
- 나는 어떻게 학습을 촉진할 것인가?
- 아이들에 대한 나의 목표는 무엇인가?
- 왜 현재의 방식으로 가르치고 있는가?
- 학급에서 교수−학습에 대한 이런 생각들을 실천하기 위해 무엇을 해야 하는가?
- 이런 접근들이 효과적인가?
- 나의 아이들은 이러한 목표들을 성취하고 있는가?
- 이들 접근들이 성공하고 있다는 것을 어떻게 알 수 있나?
- 교수자로서 성장하기 위한 나의 미래 목표는 무엇인가?

5) Chism, N.(1998). *Developing a philosophy of teaching statement. Essays on Teaching Excellence 9* (3), 1-2. Professional and Organizational Development Network in Higher Education.

내용만 가르치는 선생님과 내용도 가르치는 선생님

수업컨설팅을 하다 보면 수업컨설팅을 받지 않아도 되는데 신청해서 하시는 분들이 있다. 현재도 충분히 수업을 잘하시는데도 불구하고 수업을 더 개선하고자 하는 욕심을 가지고 수업컨설팅을 요청하시는 분들이다. 이런 분들의 수업을 관찰하다 보면 수업컨설턴트인 내가 더 많은 것을 배우는 경우도 있다.

일반적으로 많은 선생님들이 수업 내용을 아이들에게 전달하는 수업을 하지만, 수업을 잘하시는 선생님들이 가지고 있는 공통점은 수업 내용을 아이들에게 전달하는 활동에 더하여 그 내용을 아이들이 쉽게 이해하거나 자신의 것으로 만들 수 있도록 도와주는 부가적 활동을 꼭 하신다는 것이다. 이런 수업을 듣는 아이들의 공통적인 반응은, 다른 수업은 돌아서면 잊어버리지만 이런 수업에서는 수업이 끝나도 중요한 것들이 계속 머리에 남는다는 것이다.

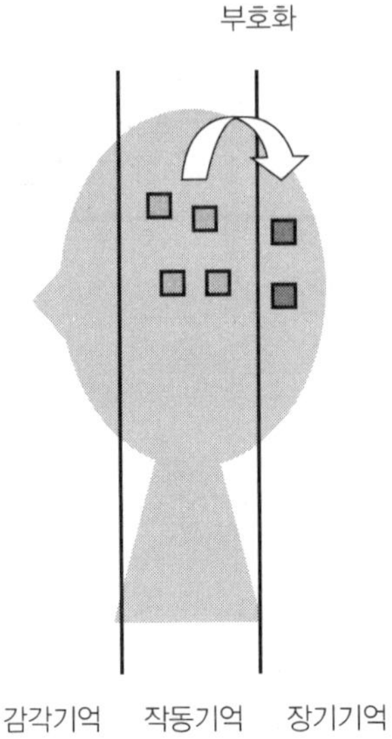

• 조직화
–위계화/범주화
–다양한 형태의 정보 활용(시/공간적)
–정보를 꾸러미로 묶어라(chunking)
–정보 양 조절(인지적 과부화)

• 정교화
–언어정보와 시각적 공간적 정보를 연결
–비유 활용(카메라)
–다양한 예 제공
–학습 전략(노트하기/밑줄 긋기/문장 요약)

• 스키마 전략
–선행 조직자(구체적 모형, 살례)

• 기억술

[그림 3–2]

아이들이 말하는 기억에 남는 수업들이 갖는 공통된 특징은, 교육심리학의 대표적 이론인 정보처리 이론에서 이야기하는 부호화 전략을 선생님들이 정확히 알거나 혹은 자신도 모르게 사용하고 있다는 것이다. 이들 선생님들의 몇 가지 사례를 부호화 전략의 관점에서 살펴보자.

정보처리 이론에 따르면, 수업 내용을 아이들에게 제시하면 작동기억으로 정보가 이동해 처리가 된다. 작동기억은 오감으로부터 들어오는 모든 정보를 처리하고 이해나 학습을 위한 사고 과정이 이루어지는 곳을 의미한다. 하지만 작동기억은 용량에 한계가 있고 순간적으로만 정보를 보유할 수 있어서, 다른 새로운 정보가 들어오면 기존 정보에 새로운 정보가 덮어씌워지는 현상이 발생한다. 따라서 작동기억은 학습을 통해 새로운 정보를 오랜 시간 기억하기 위해서 장기기억 저장소에 저장을 하는 부호화 활동을 해야 한다. 따라서 선생님이 새로운 정보를 아이들에게 계속 전달하면 작동기억은 포화 상태가 되고, 이 내용을 장기기억에 저장하는 활동을 하지 못해 수업 내용을 아이들이 쉽게 잃어버리게 된다. 하지만 수업 내용을 전달한 후 이 내용을 장기기억에 쉽게 저장할 수 있는 다양한 부호화 전략을 함께 사용한다면, 수업 시간에 배운 내용을 그 수업 시간에 기억하게 하는 역할을 할 수 있다.

부호화를 촉진하는 첫 번째 도움은 조직화 전략이다. 조직화란 뇌에서 정보를 처리하는 데 최소한의 부하를 주기 위하여 가르치는 수업 내용을 다양한 형태로 단순화시키는 작업이라고 할 수 있다. 고등학교 국어 선생님의 사례이다. 이 선생님은 한 단원이 시작될 때 그 단원에서 다루는 몇 가지 핵심적인 개념들과 원리들을 정리하여 [그림 3-3]과 같은 요약본을 만들어서 아이들에게 제공하고 있었다. 그리고 각 개념과 원리에 별표나 체크 표시를 해서 제공하고 있었는데, 별표는 시험에 잘 나오는 것들 그리고 체크 표시는 아이들이 많이 틀리는 것들을 의미하고, 별표나 체크 표시가 많을수록 더 중요하거나 많이 틀리는 것을 의미했다. 또한 마지막 부분에는 화살표 표시를 하고, 그 단원에서 반드시 암기를 해야 하는 내용을 제공하고 있었다. 아이들의 반응은 책을 보면 양도 많고 정리가 안 되지만, 선생님이 나누어 준 요약본을 보면 그 단원의 핵심적인 내용들이 쉽게 눈에 들어와 이해가 잘된다고 반응을 하였다. 이 외에도 많은 선생님들은 표, 도형, 개념도나 마인드맵, 위계도, 벤 다이어그램, 순서도, 그래프, 웹 툰 등 다양한 형태의 시각화를 통해 많은 글자들이 담고 있는 수업 내용을 한눈에 파악하거나 쉽게 이해할 수 있도록 돕고 있었다.

OOOO의 의미와 원리	
개념 1 ★★	• aaaaaaaaa • bbbbbbbb • ccccccccc
원리 1	• dddddddd • eeeeeeeee • ffffffffffff
원리 2 ✓✓✓	• gggggggg • hhhhhhh • iiiiiiiiiiiii
핵심 정리	1. aaaaaaaaa 2. bbbbbbbb 3. ccccccccc

[그림 3-3]

두 번째 방법은 정교화 전략이다. 정교화 전략이란 새로 배울 내용을 아이들이 이미 알고 있는 내용과 연결하여 쉽게 이해할 수 있도록 돕는 것이다. 예를 들어, 어떤 초등학교 수업의 사례에서는 눈의 구조를 이미 배운 아이들에게 카메라의 구조를 설명하면서, 카메라의 렌즈는 눈의 수정체와 같은 역할을 하고 카메라의 조리개는 눈의 홍채와 같은 역할을 한다고 설명하는 방식으로 아이들이 이미 알고 있는 것을 활용하여 새로운 수업 내용을 이해하도록 돕고 있었다. 정교화는 다양한 전략들이 있다. 아이들에게 개념이나 원리를 가르친 후 아이들 스스로 자신들이 알고 있는 사례들 중 그 개념이나 원리에 맞는 것을 찾아보게 하거나 친구에게 가르쳐 보게 하기, 개념도나 마인드맵으로 그려 보게 하기, 자신의 말로 다시 정리해 보는 노트 필기, 하브루타 전략과 같이 문제를 만들어 보기 등이 모두 여기에 해당한다. 즉, 새로 배운 내용을 자신의 기존 지식을 이용하여 요약 정리하거나 적용해 보기, 또는 새롭게 만들어 보기 활동을 해 보도록 하는 것이 정교화 전략에 속한다. 예를 들어, 노트 필기는 선생님의 말을 자신의 말과 자신이 해석한 의미로 다시 정리해서 적는 활동으로, 노트 필기를 위해서는 자신이 알고 있는 지식을 동원하여 재해석해야 하는 정교화 전략을 사용하게 된다. 수업 내용을 마인드맵이나 개념도로 작성해 보는 활동 역시, 전체 수업 내용을 자신이 이해한 방식으로 시각화하는 작업을 통해 기존의 지식과 새로 학습한 내용들 간의 의미 있는 관계를 찾는 정교화 전략이 사용된다. 그리고 수업에서 배운 지식에 대해 질문을 만들어 보는 하브루타 활동 역시, 자신이 무엇을 이해했고 수업 내용 중 무엇이 중요하며 무엇을 이해하지 못했는지를 파악하는 과정에서 수업 내용의 구조와 자신이 이미 가지고 있는 지식 구조를 비교하는 정교화 활동이 이루어지게 된다.

세 번째 방법은 스키마 전략으로, 수업 시작 전에 새로 배울 수업 내용에 대한 개략적 큰 구조나 뼈대를 먼저 가르쳐 주고 구체적인 내용을 가르쳐서, 먼저 제공한 뼈대 구조물에 구체적 정보를 정리할 수 있도록 도와주는 것이라고 이해하면 된다. 대표적인 개념이 선행 조직자(advanced organizer)이다. 고등학교 역사 선생님 사례이다. 선생님께서는 먼저 삼국통일의 과정을 큰 사건들을 중심으로 시대적 흐름에 따라 간략하게 역사적 흐름도 그림을 통해 설명함으로써 아이들 머릿속에 삼국통일의 주요 사건적 흐름에 대한 거시적 그림을 그려 주셨다. 그 그림은 수업 내내 칠판 맨 위쪽에 지우지 않고 유지를 하셨다. 그리고 각 주요 사건들을 중심으로 구체적인 내용을 설명하면서 큰 역사적 흐름과 사건별 구체적인 정보를 함께 이해하도록 돕는 것을 보았다. 각 역사적 사건에 대한 구체적 설명이 끝날 때마다 칠판 위쪽에 있는 시대적 흐름에서 어디에 해당하는지를 계속 아이들에게 주지시켜 주기도 하셨다. 아이들을 면담한 결과, 수업이 끝나도 삼국통일의 과정이 큰 주요 사건들에 대한 그림과 각 사건별 구체적인 내용이 잘 정리되어 머릿속에 남는다고 반응을 하였다. 우리 때의 역사 수업은 미시적인 역사적 사실만 외우는 수업이어서, 왜 역사적으로 그러한 흐름이 있을 수밖에 없었는지에 대한 통찰을 배우기 어려웠던 기억이 난다. 선행 조직자는 백화점 청바지를 사이즈나 디자인에 따라 정리할 수 있는 칸별 구조물 같다고 이해할 수 있다. 아이들에게 사이즈나 디자인 유형에 따른 구조물을 먼저 머릿속에 만들도록 하고 다양한 청바지를 주면 아이들이 먼저 만든 구조물에 청바지를 사이즈나 디자인에 따라 잘 정리하여 저장할 수 있고, 후에 기억하거나 찾을 때도 쉽고 빠르게 찾거나 기억할 수 있도록 도움을 주게 된다. 어떤 선생님들은 마인드맵이나 개념도와 같은 시각적 자료를 통해 그날 배울 내용들 간의 관계를 큰 그림으로 먼저 설명한 후 각 내용들을 설명하여 개념도나 마인드맵의 어떤 부분에 해당하는지 알려줌으로써, 머릿속에 수업 내용을 잘 정리해서 넣을 수 있도록 도움을 주는 선생님들이 있다.

마지막은 부호화 전략으로, 기억술을 들 수 있다. 어떤 중학교 사회과 선생님의 수업 사례이다. 아이들에게 도시가 만들어지기 위한 다섯 가지 요인을 설명할 때, 자신의 행동과 말을 따라 하게 하면서 설명하는 것을 관찰한 적이 있다. 즉, 손을 흔들면서 머리카락을 두드리며 '많은 인구'라고 말씀하시고, "난 인구가 적은 편이지."라고 하면서 머리카락 숫자와 인구를 연결하셨다. 그다음으로는 이마를 두드리며 '드넓은 평야'라고 말씀하시고, 가장 이마가 넓은 아이의 이름을 거명하시면서 우리 반에서 가장 넓은 평야를 가지고 있다고 우스갯소리를 하셨다. 다음으로는 콧구멍을 두 손가락으로 가리키며 '콧물, 즉 강물'이라고 하시고, "요즘도 강물이 흐르는 사람이 있나?" 하고 웃기도 하셨다. 다음으로는 목울대를 가리키며 '도로'라고 하시고, 본인은 도로가 크고 길다며 자신의 울대를 보여 주셨다. 마지막으로, 잠시 쭈그리고 앉으며 변을 보는 자세로 '생산품'이라고 말씀하셨다. 아이들은 웃으면서 따라 했고, 그다음에 선생님이 "도시가 만들어지기 위한 5가지 필수 요인이 무엇이지?"라고 발문을 하자 대부분의 아이들이 행동과 말을 하며 다섯 가지 요인들을 모두 기억하는 것을 볼 수 있었다. 기억술은 다양한 전략이 있다. 이렇게 기억할 내용과 자신이 잘 알고 쉽게 기억할 수 있는 장소나 사물 등과 연계해서 기억하게 하거나 글자의 앞부분만 따서 기억하는 방법도 있다. 예를 들어, 조선왕조를 외우기 위해 했던 '태종태세문단세…' 노래로 만들어 기억하게 할 수도 있고 시각화하여 기억하기도 한다. 선생님들 중에는 다양한 기억술을 이용해 아이들이 주요 수업 내용을 암기할 수 있도록 돕는 분들이 많았다.

수업 내용 전달에만 힘쓰시는 선생님들이 계시는가 하면, 또 다른 선생님들은 어떻게 하면 아이들이 쉽게 그 내용을 이해하고 기억하게 할 것인가를 고민하시면서 자신만의 전략을 개발하여 아이들의 이해와 기억을 돕기 위해 노력하신다. 일정 분량의 수업 내용을 가르친 후 계속 다음 내용을 가르침으로써 아이들의 인지적 부하를 주기보다, 조금의 시간을 할애하여 새로 배운 수업 내용을 아이들이 다양한 방법으로 스스로 재조직화해 보는 부호화 전략을 사용한다면, 아이들은 수업 시간에 배운 내용을 수업 시간에 이해하고 기억할 수 있게 될 것이다. 이런 전략을 사용한 선생님의 수업을 관찰해 보면, 아이들은 즐겁고 역동적으로 수업에 참여하는 것을 볼 수 있었다.

온몸으로 수업을 하시는 선생님

선생님 한 분이 갑자기 "선생님은 온몸으로 수업을 해야 한다고 하는데 이게 무슨 뜻인가요?"라고 물으셨다. 그 지역 교장 연수에서 내가 선생님들에게 교사는 온몸으로도 수업을 해야 한다고 말한 적이 있는데, 그 학교 교장 선생님이 선생님들을 대상으로 그런 말씀을 하셔서 그 뜻을 물어보신다고 하셨다.

선생님이라는 직업은 참 어려운 것 같다. 수업컨설팅을 하다 보면 선생님의 말 한마디, 표정 하나, 목소리의 힘, 그리고 눈빛 하나 모두가 아이들에게는 엄청난 메시지로 다가가는 것을 관찰할 수 있다. 아이들은 선생님의 말뿐만 아니라 선생님의 비언어적 혹은 준언어적 소통까지 읽고 반응을 한다. 수업컨설팅 과정에서 발견한 사실 중 아이들과 좋은 관계를 맺는 선생님들의 특징 중 하나는 언어적 소통과 비언어적 혹은 준언어적 소통이 일치한다는 것이다. 반대로, 좋은 관계를 유지하지 못한 선생님들의 특징 중 하나는 말하는 것과 보이는 비언어적 혹은 준언어적

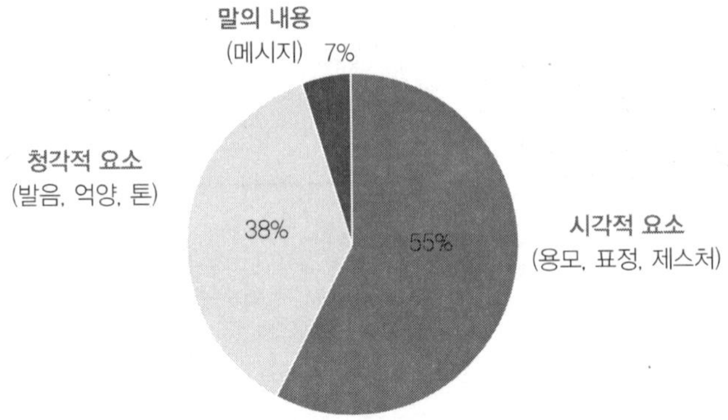

[그림 3-4] 메라비언(Mehrabian) 법칙

소통이 일치하지 않는 경우가 있다.

소통은 말로 하는 언어적 소통과 눈빛, 표정, 몸짓, 시선과 같은 비언어적 소통(시각적 요소) 그리고 억양, 음량, 발음 등과 같은 준언어적 소통(청각적 요소)으로 구분이 된다. 메라비언(Mehrabian) 법칙[6]에 따르면, 언어적 소통을 통한 의미 전달은 7%에 불과하고 비언어적 혹은 준언어적 소통을 통한 의미 전달은 93%에 해당한다고 한다. 옛말에 '말은 거짓말을 할 수 있지만 눈빛은 거짓말을 할 수 없다.'라는 말이 있다. 즉, 언어적 소통보다는 비언어적 소통이나 준언어적 소통을 더 신뢰하고 있는 것을 알 수 있다. 비언어적 혹은 준언어적 소통은 신뢰를 넘어서 언어적 소통과 비교하여 그 사람의 감정과 태도를 포함한 더 풍부한

6) Mehrabian, A. (1981). *Silent messages: Impact communication of emotions and attitudes*. Belmont, CA: Wadsworth.

의미를 담고 있다. 예를 들어, 같은 '사랑해'라는 말이라도 말의 속도, 목소리 크기, 톤 그리고 그와 함께 보여 주는 표정과 눈빛 등에 따라 그 사람이 말로만 사랑한다고 하는지 진심이 담겨 있는지가 판단될 수 있다.

아이들과 면담을 하다 보면, 아이들은 선생님이 보여 주는 비언어적 혹은 준언어적 소통을 잘 읽고 있었다. 아이들과 좋은 관계를 맺고 있는 수업에서 아이들과 면담을 해 보면 아이들은 "우리 선생님은 우리를 좋아하세요. 항상 우리에게 밝은 표정과 웃음으로 대해 주세요." "우리 선생님은 우리 한 사람 한 사람 모두에게 신경을 써 주세요. 수업 중 모든 아이들과 눈 맞춤을 해 주시고 누구나 쉽게 자기 의견을 이야기할 수 있게 해 주세요." "우리 선생님은 항상 열정이 넘치세요. 목소리에 힘이 있고 수업을 가만히 안 하시고 역동적으로 움직이시면서 하세요. 온몸으로 수업을 하시는 것 같아요."라고 말을 한다.

반면에 아이들과 관계가 좋지 않은 선생님의 수업에서 아이들은 때로 "선생님이 말로는 우리를 항상 배려하고 존중한다고 말씀하시는데, 수업에서는 때론 우리들에게 신경을 쓰지 않는 것을 알 수 있어요."라고 말한 경우도 있다. "우리 선생님은 우리에게 별 관심이 없으세요. 수업하시면서 맨날 보는 학생들만 보고 저에게는 시선도 잘 안 주세요. 맨날 질문에 대한 답도 시키는 애들만 시키세요." "우리 선생님은 우리를 별로 안 좋아하세요. 맨날 우리 보면 얼굴에 화가 잔뜩 나 계세요. 그리고 자주 무표정한 모습으로 수업을 하시고 웃는 것은 잘 보지 못해요." "우리 선생님은 항상 힘이 없으세요. 낮은 톤의 목소리로 설명하시고, 목소리 변화도 없으세요. 움직임도 거의 없으세요." 등의 말을 한다.

선생님은 말로만 수업을 하는 것이 아니라 다양한 비언어 혹은 준언어적 수단을 통해 수업을 한다.

선생님들은 공간으로 수업을 한다. 예를 들어, 어떤 선생님들은 수업 중 교단에서만 수업을 하시는 분들이 있고, 어떤 분들은 아이들 사이를 돌아다니면서 교실 전체를 누비며 수업하는 선생님도 있다. 물리적 공간이 가까워지면 심리적 거리도 가까워진다고 한다. 즉, 공간도 소통의 도구가 되며, 선생님이 앞에서만 수업을 하면 뒤에 앉아 있는 아이들은 안도감을 느끼고 딴짓을 할 수 있지만, 선생님이 가까이 오면 긴장감이 들면서 수업에 집중하게 된다. 특히 멀리서 말할 때와 비교하여 가까이 와서 말할 때 친밀감은 더 높아진다고 한다.

선생님들은 시간으로 소통을 한다. 선생님들 중에는 아이들에게 발문을 자주 하고, 발문 후 답을 못 하면 기다려 주고, 때로는 힌트나 단서를 주면서 답을 이끌어 내기 위해 노력하는 분들이 있다. 반면, 어떤 선생님은 아이들에게 발문도 하지 않을 뿐 아니라 발문을 해도 답을 못 하면 기다려 주지 않고 바로 다른 아이들에게 다시 발문하는 모습을 보이는 경우가 있다. 이 경우, 발문 후 기다림(시간)은 아이들에게 선생님이 얼마나 그들의 능력이 뛰어난지 그리고 어떤 기대를 하고 있는지에 대한 의미를 전달하는 수단이 되기도 한다. 발문 후 기다려 주는 것은 그 아이의 능력을 믿어 준다는 의미를 아이에게 전달해 주고, 기다려 주지 않는다는 것은 아이들에게 '그래 너는 모르는 것이 당연하지.'라는 의미를 전달할 수 있다. 기다림과 인내는 아이들에게 관심, 기대, 열정을 전달하는 수단이 된다.

선생님들은 시선과 표정으로 소통을 한다. 아이들은 선생님과의 눈 맞춤만으로도 힘을 얻는다. 어떤 선생님들은 수업 중 몇몇 아이들에게만 시선이 집중되고, 수업 중 단 한 번의 눈빛도 주지 않는 아이들이 있다. 즉, '시선의 사각지대'가 있을 수 있다. 대체로 수업 중 선생님의 시선을 한 번도 받지 못한다면 선생님이 자신에게 관심이 없다고 해석할 것이다. 수업컨설팅에서 선생님들의 시선 분석을 해 보면 생각보다 시선의 사각지대나 시선을 주지 않는 아이들의 숫자가 많다. 수업 중 선생님들이 시선을 맞추고 웃음을 지어 주면, 아이들은 그것만으로도 선생님의 관심과 사랑을 느낄 수 있다. 선생님의 표정은 많은 의미를 아이들에게 전달한다. 어떤 선생님들은 모든 아이에게 온화하고 따뜻한 표정을 유지하기도 하지만, 어떤 선생님은 어떤 아이들에게는 온화한 표정을, 어떤 아이들에게는 무표정한 모습을, 어떤 아이들에게는 자신도 모르게 찡그린 표정을 일관되게 보이기도 한다. 이런 표정은 아이들에게 선생님의 관심과 사랑 그리고 그 아이의 능력에 대한 판단을 어떻게 하고 있는지의 의미를 전달하게 된다.

선생님은 자세와 몸짓 그리고 장신구나 의상으로 말한다. 교탁에 기대고 발을 꼬거나 팔짱을 끼는 모습, 또는 주머니에 손을 넣고 짝다리로 서 있는 모습을 보여 줄 수 있고, 어떤 선생님은 두 다리로 균형 있게 서서 손과 팔을 많이 사용하고 활발히 움직이며, 아이들이 발문에 답을 할 때 앞으로 몸을 숙여 경청의 자세를 보이기도 한다. 어떤 선생님은 계속 움직이면서 말을 하는 경우도 있다. 이런 경우는 아이들이 선생님의 말에 집중하기 어려운 산만한 경우로 열정을 가지고 수업을 하는 경우와는 다르다. 중요한 이야기를 할 때에는 허리 이하의 움직임은 없이 한곳에 서서 허리 위의 움직임이 많은 것이 좋다. 단순히 움직임이 많다고 열정이 많은 것을 의미하지는 않는다. 어떤 방식으로 움직이는가에 따라 열정이 전달될 수 있지만, 오히려 산만함을 통해 아이들의 주의 분산을 가져올 수도 있다. 움직임이 많은 귀걸이나 목걸이도 수업에 방해가 된다. 특히 아이들의 연령이 낮을수록 가능한 한 장신구를 많이 하지 않는 것이 주의분산을 막을 수 있다.

목소리 크기, 어조, 속도, 문장 길이, 억양, 어휘, 발음, 버릇 등과 같은 준언어적 방법을 통해서도 선생님은 아이들과 소통을 한다. 목소리 크기와 어조의 변화가 없으면 아이들은 앞에서 설명한 '청각의 피로(56쪽 참조)'를 일으켜서 집중도를 떨어지게 한다. 따라서 목소리 톤을 높였다가 낮추는 변화를 통해 아이들의 집중도를 높일 필요가 있다. 말의 빠르기는 절대적으로 좋은 속도는 없으며, 아이들의 학습 속도에 맞추어 진행하는 것이 가장 좋다. 앞에서 이야기했듯이 4년 이상 대학에서 공부하고 오랜 기간 같은 내용을 수업을 하고 있는 선생님과 이제 막 그 내용을 배우는 아이들의 지식 구조에는 너무나 큰 차이가 있기 때문에 선생님의 사고 속도와 아이들의 사고 속도는 엄청난 차이가 있다. 따라서 아이들의 사고 속도에 따른 학습의 속도를 항상 살피고, 그에 따라 설명의 속도를 맞추어야 한다. 선생님이 평소의 말보다 더 천천히 하는 설명도 아이들은 단어 하나하나 그리고 개념 하나하나를 기억해 내서 이해해야 하는 경우 버겁게 느낄 수도 있다. 문장을 계속 연결해서 말하는 것은 아이들이 이해하기 어렵기 때문에 가능한 한 문장들을 끊어서 짧은 문장 형태로 소통을 하는 것이 좋다.

선생님은 온몸으로 수업을 하고 있다. 선생님은 비언어적 소통과 준언어적 소통을 통해 배려, 열정, 긍정적 혹은 부정적 기대, 아이들 능력에 대한 평가, 관심, 사랑 등을 무의식적으로 아이들에게 전달하고 있고, 아이들은 정확히 그 의미를 해석하고 있다. 선생님들은 자신의 수업에서 무의식적으로 아이들에게 전달하고 있는 비언어적 혹은 준언어적 소통의 의미를 찾아내는 것이 중요하다. 이를 위해서 수업컨설팅에서는 선생님에게 자신의 수업을 촬영한 영상을 혼자 조용히 볼 수 있는 기회를 제공해 드린다. 특히 비언어적 소통은 무의식적으로 나타나는 경우가 많아 자신의 수업을 촬영해서 스스로 분석해 볼 필요가 있다. 자신도 모르는 자신의 소통 방식을 알고 이를 의식적으로 통제할 수 있다면, 정말 좋은 선생님이 될 수 있고 아이들하고도 좋은 관계를 만들 수 있을 것이다.

선생님이 말하는 대로 이루어지는 수업

50대 중반이 되신 중학교 남자 선생님 한 분을 수업컨설팅하는 과정에서 이런 말씀을 하신 적이 있다. 요즘 중학생들은 선생님을 무서워하지도 않고, 선생님의 권위를 인정해 주지 않을 뿐만 아니라 말도 잘 안 듣는다고 하셨다. 그래서 예전하고는 달리 선생님의 말에 권위가 안 서고 아이들에게 전혀 영향력이 없다고 토로를 하셨다. 심지어 아이들은 학교 선생님 말보다 학원 선생님의 말을 더 잘 듣는다고 말씀하셨다. 선생님의 말씀도 맞는 말이다. 옛날과는 달리 학교나 사회적으로 선생님을 보는 시각이 스승으로 존중받기보다 아이들의 교육을 담당하는 노동자에 가깝게 인식하고, 뉴스에 나오는 몇 분 선생님들의 실수를 모든 선생님들에게 과대 일반화하는 경향이 있다. 학교에서도 아이들에게 선생님을 스승으로 존중하라는 교육보다, 선생님에게 아이들을 중심으로 한 교육을 하라는 가치가 더 강조되고 있다.

하지만 여전히 수업에서 선생님의 말은 아이들에게 많은 영향을 미치고 있다. 수업컨설팅 과정에서 보면 수업에서 선생님의 말 한마디 한마디가 아이들과 수업에 엄청난 의미로 다가가는 것을 관찰할 수 있었다. 한 고등학교 국어 선생님의 수업 사례이다. 이 사례에서 선생님은 아이들의 학습 동기를 높이기 위한 전략에 대해 도움을 받고자 수업컨설팅을 요구하셨지만, 결국 수업 화법에 초점을 둔 수업컨설팅이 이루어진 사례이다. 수업 관찰을 들어가서 발견한 것은 선생님 스스로 자신의 수업에서 아이들의 학습 동기를 저하시키고, 아이들에게 끊임없이 이 수업은 재미없다고 느끼게 하며, 많은 다른 아이들이 딴짓을 하고 수업에 잘 참여하지 않는다는 이미지를 심어 주고 있었다. 선생님은 수업을 하다가 10분쯤 지나서 어떤 아이를 지적하면서 "○○야, 너는 왜 내 수업 시간만 되면 조니?", 그리고 또 몇 분이 안 되서는 "○○야, 넌 맨날 교재가 없니?", 또 한동안 수업을 하시다가 "○○야, 넌 지금 책 42페이지를 하고 있는데 39페이지를 보고 있니. 정신 안 차릴래?" 등 끊임없이 수업에 집중하지 않는 아이들을 지적하면서 선생님 스스로 자신의 수업 흐름을 끊고, 아이들 머릿속에 자신의 수업이 재미없고 아이들은 딴짓만 하는 수업이라는 부정적 인식을 심어 주고 있었다.

심리학에 보면 점화 효과(Priming effect)라는 용어가 있다. 점화 효과란 시간적으로 먼저 제시된 자극이 나중에 제시된 자극의 처리에 영향을 주는 현상을 나타내는 심리학 용어이다. [그림

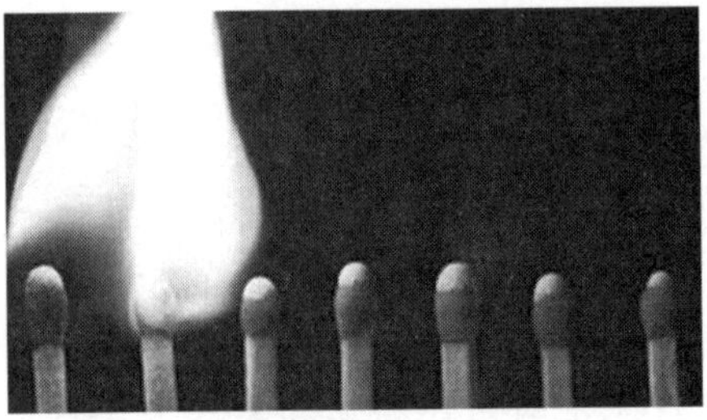

[그림 3-5]

3-5]에서처럼 하나의 성냥개비에 불을 붙이면 옆에 있는 성냥개비에 연달아 불이 붙듯이 사람의 사고도 앞에서의 어떤 자극이 뒤이은 생각에 영향을 주어 앞의 사고와 유사한 사고를 하게 된다는 것이다. 점화 효과는 사고뿐만 아니라 행동이나 감정에도 유사한 효과가 있다고 한다.

한 실험의 예를 들어 보자. 여러분도 다음 질문에 빠르게 답을 해 보기 바란다.

- 눈은 무슨 색인가?
- 구름은 어떻게 보이나?
- A4 용지는 무슨 색인가?
- 암소는 무엇을 마시는가?

마지막 질문에 대해 여러분들은 어떤 답을 했는가? 위의 모든 질문들은 하얀색을 생각하게 한다. 그리고 마지막 질문을 하게 되면 대다수의 사람들은 하얀색인 우유를 생각하게 되고 "우유." 라는 답을 하게 된다. 앞선 물음들이 점화 효과를 일으키면서 '하얗다'는 도식을 활성화시켜서 우유라는 답이 나오게 된다는 것이다.

또 다른 연구에 따르면, 두 집단의 사람들에게 기쁜 얼굴과 화난 얼굴을 각각 보여 주고 생소한 사건을 보여 준 후 부정적 혹은 긍정적 평가를 하게 했을 때, 화난 얼굴을 본 집단은 부정적으로 평가하고 웃는 얼굴을 보았던 집단은 긍정적 평가를 하는 반응을 보였다고 한다. 즉, 앞에 제시된 그림들은 다음 생각의 촉진제 역할을 하고 감정에도 영향을 준다고 한다.

우리 아이가 유치원에 다닐 때 유치원에서 워터파크로 함께 놀러 간 적이 있었다. 유치원 선생님이 아이들을 모아 놓고, "얘들아. 이곳은 미끄럽기 때문에 빨리 뛰어다니면 꿍 하고 넘어져 아야 할 수 있으니 뛰어다니면 안 돼." 하고 말씀하셨다. 이런 말을 들으면 아이들 머릿속에 어떤 것들이 상상되고 잔상으로 남을까? 뛰어다니는 것? 아니면 조심히 걸어 다니는 것? 아니면 넘어지는 것? 만일 선생님께서 아이들에게, "얘들아. 이곳은 미끄럽기 때문에 위험해. 그래서 이곳에서 걸어 다닐 때에는 뒤꿈치를 들고 한 발 한 발 조심조심(행동과 함께) 걸어 다녀야 해?"라고 말씀하셨다면 아이들 머릿속에는 어떤 이미지가 남아 있을까?

앞에서 이야기한 국어 선생님 수업으로 돌아가 보자. 아이들 머릿속에는 어떤 점화 효과가 일어나고 있을까? 아마 연달아 들어오는 자극은 '재미없다.' '지루하다.' '딴짓을 한다.' 등일 것이다. 만일 선생님께서 수업에 열심히 참여하지 않는 아이들이 아닌 열심히 참여하는 아이들을 대상으로, "○○는 내가 하는 말을 정말 열심히 필기하고 있구나. 수업 내용을 자신의 언어로 바꾸어 필기하면 나중에 이해도 잘 되고 기억도 잘 된단다. 잘하고 있다." "○○는 지난 시간에는 졸더니 오늘은 열심히 문제풀이를 하고 있네!" "○○는 내가 생각하지도 못했던 창의적인 답을 해 주었네. 다 같이 박수를 쳐 줄까?" "오늘은 다들 정말 열심히 수업에 참여해 주어서 고맙다." 등과 같은 말을 했다면 아이들에게는 어떤 점화 효과가 있을까? 아마 '열심히 필기하다.' '열심히 문제를 풀다.' '창의적으로 답을 하다.' '모두 열심히 참여하다.' 등 긍정적 사고들이 연결되어 졸던 아이들도 미안한 마음에 수업에 집중할 수 있지 않을까 하는 생각이 든다. 사람들은 '거울신경'을 가지고 태어난다고 한다. 사람들은 다른 사람들의 감정을 자동적으로 따라 하도록 프로그램화되어 있다고 한다. 감정이 전염된다는 것은 이런 거울신경의 영향이다. 수업 분위기도 마찬가지이다. 선생님의 수업에 대한 긍정적 감정을 불러일으키는 말들은 아이들 머릿속에 긍정적 점화 효과를 가져와 긍정적 사고와 감정을 느끼게 하고, 이런 생각과 감정들은 거울신경의 영향으로 전염되어 수업 분위기를 결정하게 된다.

피그말리온 효과(Pygmalion effect)라는 말도 들어 보았을 것이다. 로버트 로젠탈(Robert Rosenthal)의 유명한 한 실험에 의해 알려지면서 '로젠탈 효과'라고도 알려져 있다. 로젠탈은 한 초등학교에서 새 학기가 시작될 무렵 전 학년 아이들에게 IQ검사를 실시하고, 하버드에서 만든 검사라고 말해서 검사에 대한 신뢰감을 심어 주었다. 그리고 선생님들에게 몇 명의 아이 명단을 주고, 이들은 지능이 우수하기 때문에 앞으로 성적이 향상 될 것이라고 알려 주었는데, 실제 이 아이들은 무작위로 선정된 아이들일 뿐이었다. 한 학기가 지난 후 학기말에 아이들의 IQ 변화를 측정한 결과, 일반 아이들보다 이들 무작위로 선정된 아이들의 점수가 훨씬 높게 나타났다고 한다. 그 이유로는 선생님들이 이들 아이들에 대해 더 많은 눈 맞춤을 실시했고, 더 자주 미소와 호의를 베풀었으며, 실수에 대해 구체적인 도움을 제공하고, 높은 기대감을 보여 줌으로써 이러한 변화가 일어났다고 보고 있다.

반대의 효과도 있다. 스티그마 효과(stigma effect) 혹은 낙인 효과(烙印效果)는 상대방에게 부정적으로 인식된 경우에, 즉 상대방에게 낙인이 찍힌 경우에 이들이 실제 부정적으로 변해 가는 현상을 일컫는다.

이들 점화 효과, 피그말리온 효과, 스티그마 효과를 보면 수업은 말하는 대로 된다는 것을 알 수 있다. 선생님의 말은 아이들에게 수업, 공부, 자기 자신, 학급, 학교 등에 대해 긍정적 혹은 부정적 생각을 자리 잡게 할 수 있다. 한번 한 말은 지우개로 지울 수 없다. 또한 사용하는 말에는 화자의 가치관과 생각이 담겨 있다고 한다. 선생님의 말 한마디가 아이들에게 엄청난 힘을 주기도 하지만 자존감의 상실과 좌절을 경험하게 하는 경우도 있다. 무의식적으로 하는 말까지 선생님은 인지하고 바꾸려는 노력이 필요한 이유가 여기에 있다. 한번쯤 자신의 수업을 녹화해서 자신은 어떤 말들을 사용하고 있는지 알아보고, 긍정적 혹은 부정적 말들 중 어떤 말들을 더 많이 사용하고 있는지 분석해 보면서 아이들에게 힘이 되는 말을 사용하기 위해 어떤 노력을 해야 하는지 성찰해 보는 것은 수업을 바꾸는 데 그리고 선생님으로서 자신의 삶을 바꾸는 데도 많은 도움이 될 것이다. 그 이유는 자신이 자주 하는 말들이 자신의 삶을 결정하기 때문이다.

말하는 대로 삶은 이루어진다.

선생님이 말하는 대로, 수업은 이루어진다.

수업 습관:
수업에도 적용되는 관성 법칙

중학교 남자 선생님 한 분이 이런 질문을 한 적이 있다. 자신은 수업을 개선하려고 노력을 하려 하지만 잘 안 된다고 한다. 아침에 출근하여 급한 업무들을 처리하고 수업 준비를 해서 수업을 하고 나면, 쉬는 시간이나 수업이 비는 시간에는 피곤해서 그냥 쉬거나 또 다른 잡무들을 해야 한다고 한다. 이러다 보면 하루가 금방 지나가고, 또 똑같은 하루가 반복된다고 한다. 그래서 수업은 바뀌지 않고 기존에 했던 방식대로 수업은 지속된다고 하셨다.

수업을 바꾸는 것은 정말 어려운 일이다. 수업을 바꾸는 것이 어려운 이유는 다양하지만, 가장 큰 이유 중 하나는 수업도 하나의 습관이기 때문이다. 관성의 법칙이 물리학에만 있는 것은 아니라는 것을 수업컨설팅을 통해 경험했다. 수업컨설팅을 통해 만난 많은 선생님들이 교사가 된 후 3년 정도 지나면 더 이상 준비하지 않아도 수업을 할 수 있게 되고, 그 이후에는 항상 하던 방식대로 수업을 하게 된다고 말씀하셨다. 수업 개선이 어려운 또 다른 이유로 어떤 선생님들은 수업의 개선 또는 변화를 거꾸로 수업이나 하브루타와 같은 완전히 새로운 수업 방법으로 바꾸어야 한다는 생각에 아예 엄두를 못 내는 경우도 많다.

내가 처음 수업컨설팅을 할 때에는 수업 분석 도구들을 열 가지 정도 이상 사용하여 수업의 문제점들을 조목조목 구체적으로 적고, 개선해야 할 사항들은 20페이지가 넘게 기술하여 제공했었다. 이때에는 내가 수업 전문가이고 수업의 문제점들을 이렇게 많이 찾아낼 수 있다는 것을 과시하고 싶었던 것 같다. 이런 수업컨설팅 보고서를 가지고 가서 선생님들과 면담을 하다 보면 항상 저항에 부딪히곤 했다. 대부분의 선생님들이 알고는 있지만 "업무가 많아서 실천하기 힘들다."라거나 "학교 현실은 그렇지 않다."는 등 다양한 이유로 저항을 했었다. 물론 자신의 수업을 너무 정밀하게 분석해 준 것에 대해 고마워하는 분들도 있었지만, 결국 수업의 개선은 이루어지지 않았다. 수업컨설턴트로 경험이 쌓이면서 실제 수업의 개선을 위해선 컨설팅 전략에 변화가 필요하다는 것을 알았다. 이후에는 그 선생님 수업의 모든 문제점들을 바꾸려는 전략에서, 그 선생님의 수업 개선을 위해 가장 중요한 한 가지 혹은 많아야 두 가지 정도의 이슈를 찾아 이것을 중심으로 선생님과 논의하였다. 그리고 수업 개선의 방향 역시 수업 전체를 바꾸려는 전략보다 조금씩 당장 실천 가능한 것부터 순차적으로 변화할 수 있도록 하였다. 이런 전략의 변화 이

후 실제 수업들이 바뀌는 것을 관찰할 수 있었다.

수업컨설팅 경험에 기초하여 수업을 개선하기 위한 전략으로 다음과 같은 세 가지 원리를 찾아내게 되었다.

1. 새로운 시각으로 수업 보기
2. 작은 실천으로 시작하기
3. 혼자가 아닌 함께하기

먼저, 수업이 변화하기 위해서는 기존의 방식이 아닌 새로운 시각으로 수업을 볼 수 있어야 한다. 수업컨설팅 과정에서 선생님들이 현재 자신이 하고 있는 수업이 무엇이 문제이고 왜 문제가 되는지를 인지하지 않으면 수업에는 변화가 없었다. 이런 변화를 위해서는 수업 분석 도구라는 여러 가지 수업을 보는 렌즈를 통해 어떤 것은 세밀하게, 어떤 것은 거시적 관점에서 수업을 볼 수 있게 함으로써 객관적인 자료에 근거하여 자신의 수업을 볼 수 있는 기회를 제공하는 것이 필요하다. 이러한 새로운 렌즈를 통한 새로운 자료는 선생님이 자신의 수업을 스스로 객관적 관점에서 볼 수 있는 거울의 역할을 하였다. 선생님들은 전문가들이기 때문에 자신이 보지 못했던 부분을 볼 수 있는 거울만 제공해도 스스로 변화를 추구할 수 있다.

두 번째는, 작은 실천에서 시작하도록 돕는 것이다. 앞에서도 이야기했지만 수업 전체를 바꾸도록 하는 것은 실천을 불가능하게 한다. 변화는 작은 한 발자국에서 시작된다. 따라서 지금 당장 실천할 수 있는 것에서 시작하는 것이 좋다. 예를 들어, 발문 전략을 바꾸거나 수업에서 사용되는 예제들을 바꾸는 작업 등 작은 실천에서 시작하도록 도움을 드리면 수업은 점차 변화되고 궁극적으로 큰 변화로 연결이 되었다. 아마 '오늘부터 담배를 끊을 거야.' 혹은 '운동을 할 거야.'와 같이 결심을 하고 잘 지켜지지 않은 경험을 한 분들이 많을 것이다. 처음부터 급격한 변화를 추구하기보다는 조금씩 변화를 추구하는 것이 더 성공 확률을 높이게 된다. 선생님들 중에는 연수를 다녀와서 새롭게 배운 수업 모형을 완벽하게 실천하기 위해 준비에 준비를 하다 포기를 하는 경우가 많이 있다. 새로운 수업 모형을 완벽하게 단번에 실천하고 성공하는 것은 어렵다. 성공하려면 실패를 감수해야 한다. 고통스러운 실패를 거쳐야 성공의 가능성이 생긴다. 성공을 위해 실수와 오류를 경험하고, 이를 수정하는 과정이 성공을 만든다. 따라서 처음부터 완벽한 실천을 준비하기보다 할 수 있는 수준까지 준비해서 바로 실천해 보는 것이 중요하다. 어떤 선생님들 중에는 아이들을 대상으로 한 수업인데 완벽한 준비 없이 오류를 통해 배우는 것이 오히려 더 문제가 되지 않느냐는 반문을 하시는 분도 계셨다. 이 분들의 말도 맞는 말이다. 하지만 변화를 위한 준비만 하고 실천을 못 하여 후회하는 것보다, 수업 개선을 위한 작은 것이라도 실천해 보는 것이 중요하다고 생각한다. 선생님 자신의 전문성을 믿고 새로운 아이디어가 생기면 실천해 본 후, 수업을 통해 그 효과성을 검증해 가며 조금씩 수정해 가는 것이 더 중요할 것이다.

마지막으로, 혼자가 아닌 함께할 때 변화가 이루어지는 것을 관찰할 수 있었다. 혼자 하는 노력은 바쁘거나 다른 시급한 일로 인해 뒤로 밀리다가 그만두게 되는 경우가 많다. 하지만 함께하면 정해진 시간에 만나 함께 노력을 해야 하기 때문에 뒤로 밀리는 일 없이 진도를 나가게 되는 것을 보았다. 최근 들어 선생님들이 중심이 된 자율적 학습 동아리를 통해 수업에 대해 함께 논의하고 수업 개선을 지속적으로 실천하는 것을 볼 수 있다. 이런 모임이 함께 변화를 추구하는 대표적인 사례가 될 것이다. 같은 수업을 보고 서로 다른 시각을 가지고 있다는 것을 공유하고, 서로가 가진 경험에 기초하여 서로에게 도움이 되는 정보와 노하우를 공유하는 것은 수업 개선을 위해 많은 도움이 된다. 또한 정기적 모임을 통해 수업에 대한 고민과 실천을 지속적으로 할 수 있다는 점에서도 도움이 된다. 하지만 자율적 학습 동아리는 무엇을 어떻게 운영할 것인가에 서로 다른 의견이 있어 문제가 생기는 경우도 많고 시행착오를 겪는 경우도 많이 보았다. 하지만 선생님이라는 전문가들이 함께 모여 정기적으로 수업에 대해 논의하는 것만으로도 수업 개선을 위한 귀중한 시발점이 될 것이다. 최근 들어 수업컨설팅도 개인을 대상으로 한 컨설팅보다 이런 선생님들의 자율적 학습 동아리를 대상으로 하는 경우가 증가하고 있다. 선생님들끼리 모여 고민하고 실천하다가, 새로운 시각이 필요하면 외부 전문가를 초빙하여 그동안 자신들이 고민하고 실천했던 내용에 대해 컨설팅을 받아 한 단계 점핑을 하고, 또다시 일정 기간 동안 자신들만의 성찰 활동을 하다 외부 전문가의 도움을 받는 순환적 활동이 많이 이루어지고 있다.

수업에도 관성의 법칙이 있듯이 수업의 습관을 바꾸는 것은 매우 힘든 노력을 요구한다. 하지만 시대의 변화에 따라 아이들의 특성과 그들이 학습하는 방식에도 지속적인 변화가 있기 때문에 선생님 역시 지속적인 자기성찰을 통한 수업 개선 노력을 해야 한다. 앞에서 제시한 새로운 시각으로 자신의 수업에 대한 새로운 모습을 발견하고 조금씩 함께하는 노력을 통해 지속적으로 수업이 개선될 수 있다면, 아이들도 그리고 선생님도 행복한 수업이 만들어질 것이다.

찾아보기

인명

내용

저자 소개

이상수(Lee, Sangsoo)

부산대학교 교육학과 졸업

부산대학교 대학원 교육학석사

미국 플로리다 주립대학교 교육공학박사(Ph.D)

부산대학교 교육학과 교수

수업컨설팅연구회 회장

한국교육공학회 부회장

〈저 · 역서〉

자기수업컨설팅: 성찰적 실천가가 되기 위한 전략(학지사, 2018)

체계적 수업분석을 통한 수업컨설팅(학지사, 2012)

교수설계 이론과 모형(아카데미프레스, 2018)

수업설계의 원리(아카데미프레스, 2007)

교수모형(아카데미프레스, 2005) 등

수업컨설팅 사례로 본 수업 이야기

2019년 3월 30일 1판 1쇄 발행
2023년 1월 20일 1판 2쇄 발행

지은이 • 이 상 수
펴낸이 • 김 진 환
펴낸곳 • (주) 학지사
04031 서울특별시 마포구 양화로 15길 20 마인드월드빌딩 5층
대표전화 • 02) 330-5114 팩스 • 02) 324-2345
등록번호 • 제313-2006-000265호
홈페이지 • http://www.hakjisa.co.kr
페이스북 • https://www.facebook.com/hakjisabook

ISBN 978-89-997-1816-8 93370

정가 **14,000원**